我们从哪里来？我们走向何方？中国到了今天，我无时无刻不提醒自己，要有这样一种历史感。

——习近平

摘自习近平总书记在北京会见第二届"读懂中国"国际会议外方代表时的谈话（《人民日报》2016年1月5日）

读懂中国

读懂中国丛书

编委会：
主　　任：郑必坚
副 主 任：杜占元　李君如　徐伟新　陆彩荣
委　　员：（按姓氏笔画排序）
　　　　　王博永　冯　炜　吕本富　朱　民
　　　　　邬书林　牟卫民　杜占元　李君如
　　　　　陆彩荣　陈　晋　周明伟　胡开敏
　　　　　徐伟新

编辑部：
主　　任：王博永
副 主 任：冯　炜　胡开敏
成　　员：史小今　谢茂松　宋雨微　于　瑛
　　　　　曾惠杰

读懂中国丛书

冰上丝绸之路

秦大河 著

总　序

郑必坚

读者面前的这套丛书，有一个总题目，叫作：读懂中国。

为什么要提出"读懂中国"的问题呢？

你看，当今世界发生的变化，可谓天翻地覆，令人目不暇接。最大的变化，莫过于中国。

从20世纪中叶新中国成立以来，特别是最近这40年时间，就使一个多达十三亿多人口的贫穷落后的东方大国，实现了跨越式大发展，迅速成为世界第二大经济体。

人们自然会问：在中国，究竟发生了什么事情？中国快速发展的奥秘究竟是什么？

人们自然也会问：一个正在强起来的中国，和世界怎么相处？

于是乎，问题套问题，疑虑叠疑虑，"中国威胁论""中国崩溃论"，"修昔底德陷阱""中等收入陷阱"，这"论"那"论"，这"陷阱"那"陷阱"，纷纷指向中国。

毫无疑问，中国人应当坚定不移地走自己的路，把自己的事情办好。而这本身就包含着，为了回答人们的关切、问题和疑虑，必须做好一件事："读懂中国"。

为此，由我主持的国家创新与发展战略研究会发起，联合中国人民外交学会，和国际知名智库21世纪理事会合作，在2013年11月和2015年11月先后举办了两届"读懂中国"国际会议。

这两次重要的国际会议，得到了中共中央总书记、国家主席习近平的重视和支持，亲自到会同与会外国嘉宾座谈。国务院总理李克强和副总理张高丽分别出席了第一届和第二届会议，并在会上作了开幕演讲。中共中央和国务院许多部门的领导同志，也到会同来自世界各国的政要和专家学者进行面对面的交流，回答大家提出的问题。

会议取得的成功，给我们的最大启示是：只要直面问题，只要心诚意真，只要实事求是且生动具体地讲好中国故事，讲好中国共产党的故事，讲好中国和世界相处的故事，将大有利于关心中国的人获得新知，怀疑中国的人逐步释惑。

为此，我们设想，把"读懂中国"的国际会议搬到书本上，搬到视频上，搬到网络上，在更大的场合，用更加生动的形式，回答人们的关切、问题和疑虑。

这一设想，不仅得到了有关部门的大力支持，不仅得到了中国外文局和外文出版社的大力支持，而且得到了一批对这些问题有亲身实践经验和较深研究的专家学者和领导同志的大力支持，为丛书撰稿。

这就是读者面前这套丛书的由来。现在编辑出版的还只是这套丛书的第一辑，以后还会有第二辑、第三辑以至更多的好书问世；现在这一辑主要是中国作者的作品，以后还会有其他国家作者的作品。

不仅是丛书，以后还会有配套的电视专题片和网络视频，陆陆续续奉献给大家。

在我们看来，"读懂中国"，包括"读懂中国共产党""读懂中国和世界的关系"，是一个宏大的事业。

让我们共同以极大的热情，来关注这一事业、参与这一事业！

二〇一八年三月

总 序 二

郑必坚

在全国人民共同庆祝中国共产党成立100周年之际,我们的"读懂中国"丛书第二辑又摆在了读者的面前,外文版也将在近期面世。

2018年,"读懂中国"丛书第一辑(中英文版)在第三届"读懂中国"国际会议上举行首发式,几年来,我们陆陆续续收到读者的反馈,无论是有关部门的领导,还是专家、学者、媒体人士,以至我们的海外读者们,都对我们的丛书给予了高度评价。在此,向你们表示衷心的感谢!正是你们的关心和关注,才使得我们的丛书更有分量、更显智慧、更具价值。

为什么要组织编写"读懂中国"丛书呢?对于这个问题,我在丛书"总序"中已经给读者作了解答。在这里我想强调的是,在2015年由国家创新与发展战略研究会、中国人民外交学会和21世纪理事会共同举办的第二届"读懂中国"国际会议上,习近平总书记在同外方政要和专家学者座谈时讲到"读懂中国"是向世界介绍中国的一个很好的平台,他还说:"我们从哪里来,我们走向何方?中国到了今天,我无时无刻不提醒自己要有这样一种历史感。"事实上，中国从哪里来、中国走向何方，也是人们长久以来对中国这个世界第二大经济体所提出的问题和疑虑。于是，我萌生了组织各方面专家学者编写"读懂中国"丛书的想法。

"读懂中国"丛书都讲了些什么？在中国特色社会主义已经进入新时代的今天，要"读懂中国"最重要的自然就是要读懂新时代的中国，而要读懂新时代的中国，最重要的自然就是要读懂习近平新时代中国特色社会主义思想。因此，国家创新与发展战略研究会在中央领导的肯定和有关部门的指导下，在中国外文局和外文出版社的大力支持下，邀请了一批有丰富实践经验、并对中国问题有着深刻观察和研究的专家学者，就习近平新时代中国特色社会主义思想和改革开放四十多年所走过的道路，特别是中共十八大以来以习近平同志为核心的党中央治党治国治军的重要决策、重大进展及面临的新形势新挑战等海内外关注的焦点问题作出专门论述。

"读懂中国"丛书有什么值得推荐的吗？我以为，需要特别指出的至少有这么两点：一是内容上的实事求是，二是风格上的生动具体。"实事求是"是指我们的作者努力向大家展示一个真实、立体、全面的中国；"生动具体"是指纳入丛书的这些论著，不仅凝结着作者多年一贯的学术思考，而且展现了一个又一个有画面感的故事，毫不晦涩、毫不做作。

"讲好中国故事，讲好中国共产党的故事，讲好中国和世界相处的故事"，是帮助"关心中国的人获得新知，怀疑中国的人逐步释惑"的最好方式。我们是这么想的，也是这么做的。

"读懂中国"丛书第一辑获得广泛关注，让我们感到，这件事我们是做对了，我们抓"读懂中国"这个主题抓对了。特别是站在"两个百年"历史交汇点的今天，面临大变局、大考验，中国更要推动"读懂中国"这个宏大事业，包括"读懂中国共产党""读懂中国和世界的关系"，从而逐步实现"大合作"。

这个事业不容易，但值得干。希望越来越多的朋友加入我们的事业，且给我们以指教。让我们一起努力！

二〇二一年六月

目 录

前　言

第一章　从"一带一路"到"冰上丝绸之路" / 1

"一带一路"倡议的提出与深化 / 3

"冰上丝绸之路"的提出 / 5

第二章　"冰上丝绸之路"的地理环境 / 9

"冰上丝绸之路"的自然环境 / 11

"冰上丝绸之路"的人文环境 / 26

第三章　对"冰上丝绸之路"的早期探索与开发 / 35

人类对"冰上丝绸之路"的早期开发 / 37

相关国家及国际组织对"冰上丝绸之路"的科学探索历程 / 40

中国对"冰上丝绸之路"的科考活动 / 49

第四章　全球气候变化对北极的影响 / 59

北极地区的气候变化 / 61

北极地区的冰冻圈演变 / 64

气候变化如何影响"冰上丝绸之路" / 71

第五章 "冰上丝绸之路"的航道建设 / 75

"冰上丝绸之路"航道建设的现状 / 77

"冰上丝绸之路"航道建设的前景 / 88

中国对"冰上丝绸之路"航道的有益探索 / 96

第六章 "冰上丝绸之路"的文化交流与保护 / 103

"冰上丝绸之路"原住民及文化保护 / 105

中国参与"冰上丝绸之路"原住民的文化保护 / 115

第七章 "冰上丝绸之路"建设的国际合作 / 117

相关国家对"冰上丝绸之路"的认知与诉求 / 119

中国与主要国家的北极合作 / 144

"冰上丝绸之路"国际合作的法律与制度保障 / 160

第八章 "冰上丝绸之路"建设的中国方案 / 173

中国的定位 / 175

"冰上丝绸之路"的建设路径 / 175

共建"冰上丝绸之路",构建人类命运共同体 / 178

前　言

北极地区作为人类共同的家园一直受到全球的关注。然而与人们想象中"纯净"的北极不同,在全球气候变暖的大背景下,北极地区的冰冻圈、海洋、大气、生物性等均遭到不同程度的破坏,生态系统受到严重威胁。另一方面,气候变暖也使得北极的资源开发和夏季通航成为可能,使其地缘战略价值凸显,北极周边国家、世界大国、国际组织等均对该地区表现出极大的兴趣与关切,北极地区已经成为全球关注的热点地区。

"冰上丝绸之路"这一概念最早是由俄罗斯提出,早在2011年,俄罗斯国防部长谢尔盖·绍伊古在出席第二届"北极——对话之地"国际论坛期间首次提出"冰上丝绸之路"的概念。随后得到中国等相关国家的积极响应,并被中国政府写入《中国的北极政策》白皮书。在中俄两国的不断实践过程中,"冰上丝绸之路"的概念与内涵得到了进一步的深化,不仅仅是指穿越北极圈,连接北美、东亚和西欧三大经济中心的海运航道,更是"一带一路"

倡议向北极的自然延伸。

"冰上丝绸之路"与"一带一路"倡议相呼应，有利于"人类命运共同体"的实现。"冰上丝绸之路"的重点是建设北极航道，在这个过程中，中国也已经针对"冰上丝绸之路"航道进行了大量的有益探索。"冰上丝绸之路"沿线地区虽然人烟稀少，却拥有丰富而独特的传统文化和习俗，在共建"冰上丝绸之路"的过程中，中国从关注原住民的福祉切入，重视研究和保护传统文化。此外，作为"一带一路"倡议的延伸，"冰上丝绸之路"的建设需要沿线各国的参与与合作，沿线国家也与中国开展了不同层次上的合作。"冰上丝绸之路"同样也是一种价值理念，它与"人类命运共同体"的发展理念相契合，是对《联合国宪章》宗旨的继承和弘扬。

中国作为近北极国家，也是北极理事会观察员国，有责任也有义务参与北极治理，更应发挥负责任大国的作用。近年来中国在北极的科考、生态修复、环境保护等已经为北极地区的健康发展作出了不少贡献，也深刻认识到北极地区是全人类的宝贵财产，需要各国携手才能更好地保护。面对北极环境变化，中国提出的共同建设"冰上丝绸之路"倡议，体现和践行了中国人民服务全人类的价值理念。

本书的创作旨在向读者讲述中国在北极地区践行"冰上丝绸之路"的具体事例，用一个个生动的案例与故事，让世界更好地读懂中国对北极所作的贡献，也让世人读懂中国倡议共建"冰上丝绸之路"的核心思想及所蕴含的构建人类命运共同体的理念。

全书分为八章，多维度、全景式展示了"冰上丝绸之路"的过去、现在与未来。第一章"从'一带一路'到'冰上丝绸之路'"，介绍了"冰上丝绸之路"的提出背景与发展演变，是中国"一带一路"倡议的延伸。第二章"'冰上丝绸之路'的地理环境"，从自然和人文两个方面全方位展示"冰上丝绸之路"沿线的地理概况，以及中国在环境保护中所作的贡献。第三章"对'冰上丝绸之路'的早期探索与开发"，介绍了人类对"冰上丝绸之路"沿线地区的科学探索以及中国的科考活动。第四章"全球气候变化对北极的影响"，分析了北极地区气候变化的区域及全球影响，重点探究了气候变暖对"冰上丝绸之路"沿线的影响。第五章"'冰上丝绸之路'的航道建设"，着重介绍了东北、西北两条航道建设的现状与发展前景，以及中国关于北极航道的科学探索。第六章"'冰上丝绸之路'的文化交流与保护"，梳理了原住民及其文化保护的发展过程，也向世界展示了中国在文化交流和保护中所做的努力。第七章"'冰上丝绸之路'建设的国际合作"，从"冰上丝绸之路"沿线国家的视角出发，介绍了各国与中国之间的合作。最后一章"'冰上丝绸之路'建设的中国方案"，探讨了共建"冰上丝绸之路"的中国方案。提出与共建"冰上丝绸之路"是中国新发展理念在北极地区的运用，是中国"一带一路"倡议在北极地区的延伸，是中国"构建人类命运共同体"在北极地区的实践。

"读懂中国"丛书以《冰上丝绸之路》为名，主要面向国内外普通读者，尤其面向国外读者的大众通俗读物。通过阅读本书，让关心中国在北极治理中发挥作用的人获得新知，达到释疑解惑，促进合作之目的。本书写作风格与丛书高度契合，注重理论与案例相结合，侧重以真实中国行动来打动读者，深入浅出地且实事求是地讲述了中国与北极相处的故事，分享了中国的北极治理经验和共建方案，希望对读者认知北极、认知中国有所助益。

华东师范大学世界地理与地缘战略研究中心的李春兰、牟雅图、王一尧等参加本书资料的收集和整理，任贾文、丁永建、效存德、刘承良、胡志丁、马亚华等参加了书稿的讨论，李瑶瑶、廖雪洁、谭学玲、李一杰、徐佳艺等参加了前期的准备工作，作者对他们的付出表示衷心的感谢。同时，也感谢对本书的出版给予关心、支持和帮助的所有师长、同仁和朋友。

秦大河
2021 年 10 月 16 日于上海

第一章

从"一带一路"到"冰上丝绸之路"

"一带一路"是新时代中国走向世界舞台、积极参与全球治理的合作倡议，正逐渐被沿线各国理解、接受。不同于西方主导的传统全球治理模式，"一带一路"倡议致力于打造政治互信、经济融合、文化包容的利益共同体、责任共同体和命运共同体，是中国参与全球治理的新模式和新方案。随着"一带一路"理念不断被接受、项目不断落地实施，其内涵与实践不断深化，地域范围不断拓展，并延伸到北极地区，"冰上丝绸之路"应运而生。

"一带一路"倡议的提出与深化

"一带一路"倡议由中国国家主席习近平于2013年首次提出，并在2015年所发布的《推动共建丝绸之路经济带和21世纪海上丝绸之路的愿景与行动》中为"一带一路"的发展方向和目标描绘了更清晰的蓝图。"一带一路"倡议的原则是"共建"，机制是"合作"，最终是为了"共创美好未来"。[1]

"一带一路"倡议包括陆上的"丝绸之路"经济带和海上的"21世纪海上丝绸之路"两部分，这两部分都用到了"丝绸之路"一词，在这里，更强调它的文化内涵。早在春秋战国时期（甚至是商周时期），中国就与欧亚大陆的其他国家开始了贸易活动。自汉至唐，贸易的大宗商品是丝绸，因而将贸易路线称为"丝绸之路"。"丝绸之路"不仅是古代贸易的代名词，也是历史上中国与欧亚大陆各国文化交流的"符号"[2]。随着商品和人员的交流，丝绸之路沿线国家的文化相互借鉴，产生了灿烂的文明。当下使用"丝绸之路"这一象征着和平、友谊、交往和繁荣的文

---

[1] 国家发展改革委，外交部，商务部：《推动共建丝绸之路经济带和21世纪海上丝绸之路的愿景与行动》，载《人民日报》，2015-03-29（4）。

[2] 陈炎：《海上丝绸之路与中外文化交流》，北京，北京大学出版社，1996。

化符号，旨在向世界传递"和平、合作、发展、共赢"[①]的理念。

在"一带一路"倡议下，横跨亚欧非的基础设施建设网络逐步展开，旨在推动文化、教育合作的丝路大学联盟得以成立，亚洲基础设施投资银行、丝路基金的创办更是为沿线国家项目建设的落地提供了有力的资金保障。通过"一带一路"合作，东部非洲建立起了自己的第一条高速公路、第一条现代化铁路，白俄罗斯发展起了自己的汽车制造业，哈萨克斯坦作为世界最大的内陆国，第一次有了自己的出海口[②]，类似的例子比比皆是。经过几年的共同建设，在空间范围和内涵深度上，沿线各国已经取得不小的成就并逐渐走向深化。

面对全球变暖和北极地区国际政治局势不断变化的现实背景，中国对北极地区的认知和实践也不断深化，需要有新的理念将中国参与北极治理与"一带一路"和"人类命运共同体"综合考虑。如果仅拘泥于"一带一路"的固有框架，中国可能会欠缺对北极地区长远发展的具体规划。因此，需要进一步因地制宜地培育北极地区的"人类命运共同体"意识，必须求得不同国家在北极利益中的最大公约数，并以此为基础，提出具有中国智慧的北极倡

[①] 刘卫东：《"一带一路"战略的科学内涵与科学问题》，载《地理科学进展》，2015，34（05）：538—544页。

[②] 见新华网，http://www.xinhuanet.com/world/2019-04/24/c_1210117361.htm

第一章　从"一带一路"到"冰上丝绸之路"

议——"冰上丝绸之路",进而更有针对性地为北极的共同建设与治理建言献策。

"冰上丝绸之路"的提出

"冰上丝绸之路"这一概念最早是由俄罗斯提出,早在2011年,俄罗斯国防部长谢尔盖·绍伊古在出席第二届"北极——对话之地"国际论坛期间首次提出"冰上丝绸之路"的概念。[①] 2017年5月14日,在"'一带一路'国际合作高峰论坛"上,俄罗斯总统普京明确指出:"希望中国能利用北极航道,把北极航道同'一带一路'连接起来"。[②]

2017年7月3—4日,中国国家主席习近平在与俄总理梅德韦杰夫会谈时对俄罗斯提出的共建"冰上丝绸之路"邀约作出回应,"希望中俄双方共同开发和利用海上通道,特别是北极航道,打造'冰上丝绸之路'。这些互联互通领域的合作将为促进两国经贸合作深入发展提供新动能"。至此,双方正式提出:"要开展北极航道合作,共

[①] 钱宗旗:《俄罗斯北极战略与"冰上丝绸之路"》,北京,时事出版社,2018,193页。

[②] 王志民、陈远航:《中俄打造"冰上丝绸之路"的机遇与挑战》,载《东北亚论坛》,2018(2):18。

同打造'冰上丝绸之路'。"习近平主席的这段话也是迄今为止中国最高层对中俄北极合作最为积极的表态。

2018年1月,中国政府正式发布《中国的北极政策》白皮书,将中国与北极的关系进行了概括性的描述:作为北极事务的重要利益攸关方,"中国对北极国际规则的制定和北极治理机制的构建发挥了积极作用。中国发起共建'丝绸之路经济带'和'21世纪海上丝绸之路'('一带一路')重要合作倡议,与各方共建'冰上丝绸之路',为促进北极地区互联互通和经济社会可持续发展带来合作机遇。"由此可见,北极事务对中国至关重要,中国也有积极参与北极治理的决心。

《中国的北极政策》白皮书

目前,"冰上丝绸之路"并没有具体的、相对明确的定义,我们可以从狭义和广义两个角度来理解。

狭义的"冰上丝绸之路"是指中俄为实现北方海航道的开发及沿线港口与腹地的发展,通过建立完善的政策法

第一章 从"一带一路"到"冰上丝绸之路"

律制度,进行全面的航道及资源的开发利用,以及开展基础设施建设、旅游、科考等一系列合作,共同构建中国经北冰洋连接俄罗斯西部地区的蓝色经济通道。[①]

广义的"冰上丝绸之路"应该辐射到整个北极航线和环北极区域,从俄罗斯的角度看,"冰上丝绸之路"是指穿越北极圈,连接北美、东亚和西欧三大经济中心的海运航道;[②] 从中国的角度看,"冰上丝绸之路"指以中国为始发地,为实现北极航线的开发及沿线港口与腹地的发展,与经由北极航线区域的国家和地区开展经济、政治、文化的合作,共同建设中国经北冰洋连接欧洲与北美地区的蓝色经济通道,是"21世纪海上丝绸之路"的重要补充。[③] 狭义的"冰上丝绸之路"更偏重航线(航道)及其带来的经济、政治、社会影响;而广义的"冰上丝绸之路"更强调经济带的概念,在航线的基础上实现了空间与内涵由"线"到"带"的拓展与深化。

那么"冰上丝绸之路"和"一带一路"的关系是什么呢?两者有着共同的出发点,都有利于"人类命运共同体"的实现。北极地区是全人类共同守护的"净土"。具体而言:首先,"冰上丝绸之路"的构建是"一带一路"倡议

[①] 李振福,彭琰:《"冰上丝绸之路"与大北极网络:作用、演化及中国策略》,载《东北亚经济研究》,2018,2(05):5—20页。

[②] 见 http://www.chinanews.com/gj/2017/11-15/8376615.shtml

[③] 李振福,彭琰:《"冰上丝绸之路"与大北极网络:作用、演化及中国策略》,载《东北亚经济研究》,2018,2(05):5—20页。

内涵的深化与延展，是丝绸之路精神在北极地区及北冰洋海域的有力推广与应用。"冰上丝绸之路"源自"一带一路"，而"一带一路"的实践对北极治理的未来发展又具有重要的借鉴意义。其次，"冰上丝绸之路"是"一带一路"在地理空间上的自然拓展，将太平洋和大西洋进一步联通，将亚洲、欧洲与美洲紧密相连，从连接欧亚大陆两端逐步拓展到欧亚大陆与北美区域，涵盖当今世界的主要发达国家和新兴工业化经济体，使得"一带一路"倡议在空间上进一步拓展，有助于"一带一路"倡议进一步在全球范围被认同与接受。

最后，"一带一路"与"冰上丝绸之路"都是丝绸之路精神在当代国际政治中的应用，两者之间存在着递进的、发展的、连续的关系。"一带一路"倡议处于项目开展的实践过程中，而"冰上丝绸之路"尚处在谋篇布局的阶段。

第二章

"冰上丝绸之路"的地理环境

"冰上丝绸之路"所涉及的范围涵盖了整个北极地区，其地理环境多样且复杂，了解该地区的地理环境是理解"冰上丝绸之路"建设的基础和前提。本章从自然地理环境与人文地理环境两个视角展开，全方位展示了"冰上丝绸之路"的地理环境。

"冰上丝绸之路"的自然环境

"冰上丝绸之路"主要分布于北极地区，因此其自然环境与北极的自然环境高度一致。"冰上丝绸之路"沿线既是地球上资源富集之地，同时也是环境和生态脆弱之地。在目前北极开发和环境保护的大背景下，了解该地区的环境脆弱性及保护形势、资源分布及开发潜力是"冰上丝绸之路"建设的首要任务。

"冰上丝绸之路"环境与保护

随着各国科技水平的进步和人们视野的扩展，"冰上丝绸之路"沿线地区越来越受到重视。尤其是近年来，全球气候变暖，北极海冰融化使得北极地区丰富的自然资源、便捷的航道及特殊的区位等优势更加凸显。不管是北极八国，抑或是许多域外国家，都对该地区表现出了积极探索态度，美国、俄罗斯等国还出台了相关的国家战略。越来越多的人类活动涉足并对此地进行开发的同时，也对当地脆弱的环境造成了破坏。

此外，由于气候变化以及海冰的加速融化，北极动植物的生存环境也发生巨大变化，从而对当地生物多样性产生了影响，影响着原住民的生活。再加之北极地区自身的生态环境相当脆弱，修复能力差，对其造成的破坏难以消解。作为"冰上丝绸之路"最重要的通行区域，北极地区的自然环境与可持续开发利用日益引起全球的关注与重视，主要体现在以下两个方面：

北极海冰受全球气候变化融化加剧　作为全球气候系统的关键组成部分，北冰洋是气候变化最敏感、反应最直接的"镜子"之一。在当今全球变暖的大背景下，北极海冰正在逐年减少已经成为不争的事实，且减少速度不断加快。同时，北极气温升高又导致了北极海冰融化加快，海冰覆盖面积减少。[1]在过去30年里，海冰覆盖范围平均下降了8%，冰层的厚度也在不断地变薄，[2]海冰及冰山的融化又进一步使得海平面上升。[3]一些岛国与临海地区的土地与人口将受到生存威胁，依赖北极海冰生存的生物失去原有的生存环境也将受到毁灭性打击，进而影响到整个北极地区的生物多样性和生态循环的持续运行。

此外，从融化中的永久冻土中释放出的甲烷会加剧全球变暖，且当北极冰变成水时将吸收而非反射太阳热量，因此还将进一步导致海冰和冰川的融化加剧、海水温度升

---

[1] 张璐，张占海，李群，等：《近30年北极海冰异常变化趋势》，载《极地研究》，2009，21（4）：344—352页。

[2] 焦敏，陈新军，高郭平：《气候变化对北极渔业资源的影响研究进展》，载《极地研究》，2015，27（04）：122—130页。

[3] 张敏娇：《论气候变化条件下北极治理面临的挑战及思考》，载《华中师范大学》，2013。

高、部分海洋生物向北迁移、海洋污染程度加深、危害邻近的欧洲和北美农业发展等。①

"冰上丝绸之路"沿线地区生态环境异常脆弱 气候变暖导致海冰融化、海水温度升高以及海水盐度降低,严重影响生活在这个海域内的动物。部分鱼群开始往更北的海域迁徙,如黑线鳕鱼北迁②,鱼群的北迁还意味着生活在北极的动物的食物来源减少。同时,海冰的消融对于依靠海冰捕食猎物的动物影响极大,例如,北极熊在海冰上捕食猎物更加困难,且夏季无冰期的延长也导致了其食物的匮乏③。海豹、海象等动物也因海冰融化失去繁衍、栖息的场所,生存面临着极大的危机。

气候的变化对于当地的植物也造成了打击。由于气温的升高,许多植物生长的界线不断北移,甚至有的因为无法适应气温的上升而逐渐消亡。北极作为全球生态系统的重要部分,当地生物资源发生的变化必然会对生物多样性产生不利的影响。总体来看,由于北极地区均处于北极圈以北,气候终年干燥严寒,不利于动植物存活,因此北极地区生物多样性较不足,生存数量较大的物种种类非常单

---

① 吴琼,北极海域的国际法律问题研究,上海:华东政法大学博士学位论文,2010,195—197页。
② 范晨恩,北极环境治理的软法路径研究,杭州:浙江大学博士学位论文,2019。
③ 陈熹:《气候变化背景下的北极熊保护——美国哥伦比亚地区法院北极熊濒危物种表列案评析》,载《武大国际法评论》,2014,(01):115—130页。

一，微型动物和微生物的活动能力十分弱小，一些绿色植物每年的生长期只有几天，[①]生态替代性不足，整个生态链或生态系统单一。这种简单的生态系统使得北极地区的生态环境异常脆弱，如果其中某一环节受到破坏，对整个生态环境将造成不可弥补的损失。不仅如此，生态环境的破坏也将直接影响北极原住居民的生活与生产，引发一系列生计问题并进一步挑战北极的生态环境。[②]

"冰上丝绸之路"沿线地区，尤其是北极地区生态系统的自我修复和净化能力都极为脆弱，近年来随着人类不断向北极探索，对北极进行了一定的了解和开发，但人类活动也带来了一系列污染。受全球变暖和北极航道通航能力提升的影响，21世纪以来，航行在北极航道的船舶数量已显著增加，且随着石油、渔业资源的不断开采，发生石油泄漏、生物多样性减少、噪音污染等问题的可能性大幅增加。与之相对应的是北极地区并无强大的自然净化能力，可能造成的二次污染无法估量，而人类对上述污染亦未有切实可行的应对措施，因此北极的环境保护面临巨大压力。

人类活动可能会带来的污染从三个方面体现：首先，伴随着北极航道的开通，在北极航行的船舶数量增加，船

[①] 丁煌，褚章正：《基于公共价值创造的北极环境治理及其中国参与研究》，载《理论与改革》，2018，223（05）：26—34页。
[②] 冯寿波：《中国的北极政策与北极生态环境共同体的构建——以北极环境国际法治为视角》，载《阅江学刊》，2018，10（05）：98—148页。

舶航行所产生的含油污水、生活垃圾等会对北极的水域造成污染。[1]其次，石油污染对北极环境会造成严重破坏。在北极低温的环境中，油气在开采与运输过程中更容易发生泄漏，尤其在严寒的环境下，一旦发生泄漏，石油回收难度非常大，且北极环境修复能力差、气温低、光合作用缓慢，又使石油在北极难以被分解。[2]如在1989年3月24日发生的"埃克森·瓦尔迪兹轮"溢油事故中，大约5000万升石油在阿拉斯加威廉王子湾泄漏，40多万只本地鸟类和100多万只候鸟遭遇灭顶之灾。[3]

此外，人类在北极以外地区制造的污染物通过传播也会对北极环境产生破坏。如在北极发现的持续有机污染物质，这类广泛存在于农药、杀虫剂等物质中的污染物很少在北极使用，因而可以断定，是从其他区域传播到北极的。这类污染物质不仅会对北极环境产生危害，甚至会通过食物链进入动物和当地居民体内。

人类活动对北极造成的污染之所以难以消解，一方面是因为北极气候严寒，污染物质分解缓慢；另一方面，北极恶劣的气候条件也加大了人们开展北极污染治理工作的难度。极低的自净能力也显示出在北极减少人为污染，加强环境保护的重要性。

---

[1] 周芳宇：《北极环境保护法律问题研究》，兰州大学，2014。
[2] 郭鑫：《北极环境治理问题探析》，河北师范大学，2014。
[3] 郑雷：《北极东北航道：沿海国利益与航行自由》，载《国际论坛》，2016，18（02）：7—12+79页。

因此,"冰上丝绸之路"沿线地区,尤其是北极地区,受到自然地理条件的限制,自然生态脆弱、环境恶劣,随着人类在该地区活动的不断深入,其环境保护压力愈加凸显。

中国参与"冰上丝绸之路"的环境保护

2013年,中国成为北极理事会正式观察员国。根据《联合国海洋法公约》(UNCLOS),中国有责任、有义务参与北极环境保护工作,发挥自身的优势条件,加强与其他国家的交流和合作。中国政府先后在不同场合,多次呼吁全体人类一起保护环境,守护人类赖以生存的家园。2018年发布的《中国的北极政策》白皮书也是中国第一份关于北极开发和保护的政策文件。在北极环境保护问题上,中国的基本目标是:"积极应对北极气候变化,保护北极独特的自然环境和生态系统,不断提升北极自身的气候、环境和生态适应力,尊重多样化的社会文化以及土著人的历史传统。"[①] 近些年来,随着北极环境问题的日益严峻,中国通过科学考察、保护环境、保护生态、应对气候变化等方式积极参与北极环境保护工作,提升在北极环境问题上的参与度和话语权。

加强对北极地区的科学考察 极地考察是一项高投

[①] 中华人民共和国国务院新闻办公室:《中国的北极政策》,2018年1月26日,第11版,第224页。

入、高回报、高风险的项目。1999年7月至9月，中国国家科学考察队首次远征北极考察，[①] 自此至2019年9月的20年内，中国共进行了10次北极科学考察任务，对北极大气、海洋、冰川、海冰、土壤、生物等进行勘测和评估，推进了北极环境保护工作的开展。

与此同时，北极地区的科研考察正越来越受到国际的关注和支持，除了北极域内国家，英国、法国等欧盟国家投入了巨额资金支持北极科研，亚洲国家也在积极加入。面对日益高涨的科研需求，北极国家纷纷设立"门槛"，对外国船只在其管辖海域进行科学调研实行许可证制度，并在国际海事组织中积极推动北极航行强制性管理条例的议题设置，提高对进入北冰洋海域船舶的环保与安全要求，这些举动对各国的北极科考自由带来了挑战。[②] 但无论如何，北极科学考察是北极环境保护的基础和前提，只有充分了解北极的自然环境和人类生产、社会生活，才能制定出科学有效的方案来保护北极环境。

多维参与"冰上丝绸之路"沿线地区的环境保护 2016年4月，在巴黎气候变化大会上，中国与170余个国家共同签署《巴黎协定》，承诺全球气温上升幅度要控制在2℃之内，争取控制在1.5℃之内。2016年11月，92个缔约

[①] 颜其德：《中国国家科学考察队首次远征北极考察》，载《科学》，1999年7月25日。

[②] 肖洋：《地缘科技学与国家安全：中国北极科考的战略深意》，载《国际安全研究》，2015（6）：106—131页。

国批准《巴黎协定》。中国作为缔约国之一，坚持创新、协调、绿色、开放、共享的生态文明理念，积极应对全球气候变暖，推动绿色循环发展。为控制气候变暖，保护北极环境，中国根据自身发展需求提出：到2030年，中国单位GDP二氧化碳排放要比2005年下降60%—65%。在北极海洋环境保护方面，《中国的北极政策》白皮书也指出："中国支持北冰洋沿岸国依照国际条约减少北极海域陆源污染物的努力，致力于提高公民和企业的环境责任意识，与各国一道加强对船舶排放、海洋倾废、大气污染等各类海洋环境污染源的管控。"[①]

2014年，中国与国际海事组织（IMO）各成员国共同制定《极地水域船舶航行安全规则》（简称《极地规则》），加强对北极船舶航行的管理和控制。此外，中国船级社（CCS）在《极地规则》条文的基础上，发布了《中国极地船舶指南》《极地水域操作手册编制指南》等文件，进一步对中国的北极通航船舶提出要求，以保护北极脆弱的生态环境。中国还积极研发了低污染的船只原料，建设可生物降解的水基系统，旨在达到"降低北极水域污染可能性"的目标。

加强"冰上丝绸之路"沿线地区的生态监测与修复性保护 北极的生态环境正在发生快速变化，以北冰洋夏

[①] 中华人民共和国国务院新闻办公室：《中国的北极政策》，2018年1月26日，第11版，第227页。

季海冰覆盖面积锐减为主要特征，以及由此引起的一系列物理、化学、生物快速变化和一系列对生态环境的影响。①为此，中国一直在做准备和研究。例如，通过10多年来对北极黄河站的生态环境监测与研究，中国已在北极新奥尔松地区建立了一条王湾海洋生态环境监测断面和11个陆地植被监测样方，对土壤、植被、湖泊、冰川、海洋、沉积物等开展了一系列的研究，取得了一批较好的研究成果，加深了对北极生态环境及变化特征的了解。②

在生态系统修复方面，如在生物多样性上，《中国的北极政策》白皮书中提出："加强对北极候鸟及其栖息地的保护，开展北极候鸟迁徙规律研究，提升北极生态系统的适应能力和自我恢复能力，推进在北极物种保护方面的国际合作。"2018年12月3日至8日，中国、美国、俄罗斯、加拿大、芬兰、冰岛、挪威等19个国家代表出席"北极候鸟倡议执行研讨会"，在会议上，与会各国分享了北极候鸟保护的相关成果，完善了北极候鸟倡议计划（2019—2023），同时各国致力于加强进一步的交流和合作，妥善协调好各沿途国家的北极候鸟迁徙保护行动。此外，在北极捕捞作业方面，中国竭尽全力与世界各国共同探讨应对

---

① 陈建芳，金海燕，白有成，等：《北极快速变化的生态环境响应》，载《海洋学报》，2018，（07）：25页。
② 何剑锋，李承森，姚轶锋，等：《北极黄河站生态环境考察与研究进展》，载《极地研究》，2018年9月25日。

方针。2015年1月，北冰洋渔业治理国际圆桌会议在上海同济大学召开，中国、美国、俄罗斯、冰岛、加拿大等国专家学者出席会议，共同探讨北极渔业保护问题。2015年7月，中国以"近北极国家"的身份参与美国、俄罗斯、加拿大、丹麦、挪威五国有关"签署捕鱼作业协议"的会议，共同商讨北极捕鱼政策。

"冰上丝绸之路"的资源概况与潜力

"冰上丝绸之路"沿线地区有着十分丰富的战略资源，包括石油、天然气等油气资源，锡、锰、铁、金、镍、铅和钻石等重要的金属矿产，以及煤、磷酸盐、泥炭等重要资源。环北极地区的生物种类也相当丰富，例如有白熊、海象、海豹、鲸鱼、鲱鱼、鳕鱼等。此外北极也是地热、风能等清洁能源富集之地，开发潜力极大。随着该地区冰雪的融化，对北冰洋海底的石油、天然气和其他矿物资源的开发将成为可能。此外，作为北极地区新兴的人类活动，这些资源与奇特的自然景观均成为北极旅游的重要吸引点，北极旅游的开发符合人们对极限运动和求真探险日益增长的需求与今后北极的发展趋势。

北极能源——非可再生能源　非可再生能源主要包括煤、石油、天然气。其中，煤的产地主要位于俄罗斯的伯绍拉盆地，预计储量达303,000百万吨；阿拉斯加北部地区预计总储量约 122,000 百万吨。[①]

"冰上丝绸之路"沿线地区也是全球石油、天然气蕴藏最丰富的未开发地区。据相关数据表明，北极圈及其领区石油产量占全球总量的 11%，储量占 5.3%；天然气产量占全球总量的 26%，储量占 22%。而目前未发现的石油和天然气的资源量分别占全球未发现总量的 21% 和 28%。[②] 这些矿产资源大部分位于"楚科奇—摩尔曼斯克—北极点"的三角地带。[③]

随着气候变暖愈加显著，北极海冰融化速度加快，北极地区包括北冰洋海底油气资源开发的前景更为突显。根据美国地质调查局的估计，北极地区油气储量占世界总储量的 20%，其中石油储量达 900 亿吨，天然气 47 万亿立方米，可燃气 440 亿桶，是地球上可与中东媲美的油气资源战略储存仓库。[④]

[①] 卢顺容：《北极地区区域构造与矿产分布特征》，载《中国地质大学学报》，1986（01）：3—13 页。

[②] 聂凤军、张伟波，曹毅，赵宇安：《北极圈及领区重要矿产资源找矿勘查新进展》，载《地质科技情报》，2013（05）：1—11 页。

[③] 李连祺：《俄罗斯北极资源开发政策的新框架》，载《东北亚论坛》，2012，21（04）：90—97 页。

[④] 夏立平，谢茜：《北极区域合作机制与"冰上丝绸之路"》，载《同济大学学报（社会科学版）》，2018，29（04）：48—59，124 页。

北极拥有的自然资源

资源	储蓄量	地点
磷灰石金矿	超过90%	科拉半岛、泰梅尔半岛、雅库特、楚科奇
镍和钴	85%	诺里尔斯克，其他位于科拉半岛
铜	约60%	诺里尔斯克、科拉半岛
钨	超过50%	雅库特北部、楚科奇
稀土元素	超过95%	泰米尔、科拉半岛
铂族元素	超过98%	诺里尔斯克、科拉半岛
锡	探明储量的75%以上、预测储量的50%	北洋斯基油田
汞	主要探矿储量	楚科奇、泰梅尔大型矿藏
金银	未知	楚科奇、泰梅尔、科拉半岛
钻石	超过99%	库特、阿尔汉格尔斯克地区、泰梅尔

北极能源——可再生能源 出于对环境保护的日益重视以及现有资源的逐渐枯竭，各国开始转向对清洁能源的探求。"冰上丝绸之路"沿线地区所蕴藏的丰富的清洁能源也逐渐为世界各国所关注，其中主要包括地热能、风能和太阳能。

在地热方面，虽然"冰上丝绸之路"沿线地区约三分之二的海面几乎全年覆盖冰层，但在水面之下却隐藏着丰富的地热资源。北极圈多处位于板块的交界处，地壳活动频繁，板块的挤压碰撞使得局部温度升高，大量热能传到浅层地表，形成地热。此外，在大洋中还往往隐藏有大量的海底热泉。大洋中脊多火山地震，海水透过破碎的岩石深入海底，海底的铜、铁、锰、锌等元素融入了海水中，最终以热泉的形式喷涌出来。

在风能方面，北极圈及其周边地区风能资源丰富，技术可开发量约为1000亿千瓦，是全球能源互联网构想"一极一道"清洁能源基地的重要组成部分，[①] 可通过特高压等输电技术送至北半球各大洲负荷中心，从而缓解各地区对电力的需求。然而由于北极地区环境的脆弱性，开发风能虽有较好的前景，但仍旧会对当地生态环境造成一定的破坏和影响，如植被破坏、水土流失、候鸟迁徙等。

在太阳能方面，北极地区的夏季日照长，蕴藏着充足的太阳能，太阳能成为又一储量丰富的可再生能源。国际自然保护组织的气候变化专家舍拉·拉格夫指出，"太阳能有助于减少对化石燃料的依赖，可以离网、并网或通过混合系统安装。"此外，太阳能电池板的成本在过去40年中一直在下降，随着太阳能的价格越来越便宜，未来项目的成本也将继续下降。位于阿拉斯加安克雷奇以北约80公里处的威洛太阳能农场，是阿拉斯加州最大、最新的太阳能农场。考虑到北极地区气候变暖的速度不断加快，阿拉斯加寻求的清洁能源——太阳能的使用量正在上升，并

[①] 张富强，田丰，蒋莉萍，等：《北极地区风能资源开发软环境研究》，载《中国电力》，2016，49（03）：6—11页。

且已经变得比煤炭等化石燃料便宜。①

北极非能源资源——金属矿产 "冰上丝绸之路"沿线地区金属矿产分布广泛，具有重要的经济价值。据勘探数据显示，铁矿主要分布于斯堪的纳维亚半岛和可拉半岛，铜、铅、锌、镍和锡矿主要位于欧洲的北极地区，而阿拉斯加和俄罗斯远东地区则蕴藏有大量金矿。②目前各国对于金属矿产的开发都具有一定的基础，但仍以本国开发为主导，缺乏国际合作，尤其是"冰上丝绸之路"沿线国家之间的合作。

北极非能源资源——鱼类资源 北极的生物资源较为丰富，具有数以百计独特的动植物物种。"冰上丝绸之路"沿线地区主要的鱼类资源分布于北极海域内，本书以北极理事会协调下的北极检测与评价项目（AMAP）所给出的北极海域范围为研究对象。根据《联合国海洋法公约》，部分北极海域为各国所管辖，而挪威海的"香蕉洞"（Banana Hole）、白令海的"甜圈洞"（Donut Hole）、巴伦支海的"圈洞"（Loop Hole）以及北冰洋中央海域为四个北极公海，是全人类的财富。③

---

① 《他们在北极建设了一座太阳能农场》，载《中国气象报》，见 http://guangfu.bjx.com.cn/news/20200325/1057481.shtml

② 卢顺容：《北极地区区域构造与矿产分布特征》，载《中国地质大学学报》，1986（01）：3—13页。

③ 邹磊磊，密晨曦：《北极渔业及渔业管理之现状及展望》，载《太平洋学报》，2016，24（03）：85—93页。

北极海域内主要的经济鱼类有以下几种：太平洋毛鳞鱼、格陵兰鳙鲽、北极鳕、大西洋鳕、黑线鳕、狭鳕、太平洋鳕、鲱鱼、鲑鱼蛛、北方长额虾、雪蟹和大王蟹等，[①] 以及种类繁多的鲸，如弓头鲸、灰鲸、白鲸和一角鲸。北极海域的鱼类主要有以下两个特点：首先是种群繁多，但个体数量较多的种群却不多，主要有格陵兰大比目鱼、鳕鱼、狭鳕、毛鳞鱼及鲱鱼等；[②] 第二，分布范围参差不齐，致使北极渔业区域发展具有不平衡性。北极海域幅员辽阔，不同鱼类种群生活习性迥异，分布范围广泛。上述几个个体数量较多的鱼类种群大多选择性地分布在北大西洋或北太平洋一侧的北极海域，只有少数分布于环北极海域。而北冰洋的渔业主要集中于东北大西洋附近的挪威海与巴伦支海、中北大西洋的冰岛与格陵兰岛外的海域、加拿大纽芬兰和拉布拉多海域以及太平洋的白令海区域。其中，在寒暖流交汇处，形成了世界性的大渔场，包括巴芬湾、巴伦支海、挪威海与格陵兰海，[③] 这些渔场所收获的鱼量约占世界总量的10%，为各国经济活动的重要来源之一。

[①] 唐建业，赵嵌嵌：《有关北极渔业资源养护与管理的法律问题分析》，载《中国海洋大学学报（社会科学版）》，2010，（05）：11—15页。

[②] 莉莉·威德曼：《北极海洋环境的国际治理—特别强调公海渔业》，英国，施普林格出版集团，2014：23页。

[③] 邹磊磊，张侠，邓贝西：《北极公海渔业管理制度初探》，载《中国海洋大学学报（社会科学版）》，2015（05）：7—12页。

通过对"冰上丝绸之路"沿线地区资源的分析可以发现，此地区资源种类众多且储量丰富，潜力巨大，对于缓解世界范围内的能源短缺有着重要的价值与意义。但由于受到恶劣气候环境的影响，资源开发起步较晚、难度较大，对于技术与资金投入要求也较高，沿线各国资源开发的国际合作还不多见。因此，各国唯有加强合作，增加海洋技术的投入，才能确保该地区资源的可持续性利用。

"冰上丝绸之路"的人文环境

对于北极地区的范围界定，常用的是行政划分法，它是将北极各国的行政区划的地理位置、政治、历史和文化、民族和现实等多个角度综合考虑，以确定纳入北极地区范围的行政区划的南界作为边界线，在海洋方面则为北极圈内的水域面积加上哈德逊湾以及戴维斯海峡、挪威海超出北极圈的部分。[1]

北极区域一共涉及8个国家（环北极国家）的29个行政区划。从行政区划的数量排序，俄罗斯有12个行政区，分别是阿尔汉格尔斯克州、涅涅茨自治区、楚科奇自

---

[1] 张侠，刘玉新，凌晓良，等：《北极地区人口数量、组成与分布》，载《世界地理研究》，2008，17（04）：133—134页。

治区、卡累利阿共和国、汉特—曼西自治区，亚马尔—涅涅茨自治区、科米共和国、堪察加边疆区、马加丹州、摩尔曼斯克州、萨哈共和国和克拉斯诺亚尔斯克边疆区；加拿大有5个行政区，分别是纽芬兰和拉布拉多省、魁北克省的努纳维克地区、育空地区、西北地区和努纳武特地区；挪威有4个行政区，分别是芬马克郡、诺德兰郡、特罗姆斯郡及斯瓦尔巴群岛；芬兰有2个行政区，分别是奥卢省和拉普兰省；瑞典有2个行政区，西博滕省和北博滕省；丹麦的2个海外自治领土，法罗群岛和格陵兰；美国的阿拉斯加州以及冰岛全国（视为一个行政区划）。由于地理位置和历史原因，目前对北极的争夺主要在加拿大、美国、丹麦、挪威和俄罗斯等"北冰洋五国"之间展开。虽然芬兰和瑞典的部分领土在北极圈内，但是与北冰洋不相连，因而是北极国家中在北冰洋和其临近海域没有声明其管辖要求的国家。

"冰上丝绸之路"沿线地区面积

目前环北极八国共设29个行政区或自治区，其中俄罗斯北极地区面积总和居首位，达到911万平方公里，占整个北极地区陆地面积的54.26%；加拿大次之，面积为436万平方公里，占25.97%；丹麦因其海外自治领土格陵兰而位居第三，占12.91%；美国的阿拉斯加州位列第四，占3.41%。除此之外，其他国家占比均不超过1%。

除美国外，其余 7 个国家的北极地区面积均超过了其全国面积的三分之一。丹麦本土面积仅为 43094 平方公里，但其在北极地区的海外自治领土面积远超本土，占比高达 98.05%。冰岛则由于全部国土均处于北极地区内，因此面积比为 100%。

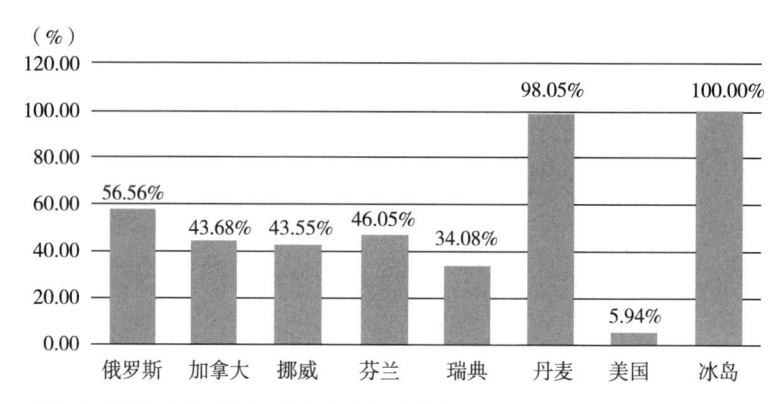

俄罗斯	56.56%
加拿大	43.68%
挪威	43.55%
芬兰	46.05%
瑞典	34.08%
丹麦	98.05%
美国	5.94%
冰岛	100.00%

"冰上丝绸之路"沿线地区占其全国面积比重

"冰上丝绸之路"沿线地区人口

2018 年环北极国家北极地区面积总和约为 1679 万平方公里，其中包含了由于俄罗斯北方地区的行政区域划分扩大所产生的面积。2018 年人口总和约为 1613 万，较 2006 年减少了 40 万人，其中约有四分之一的人口集中分布在各地区首府城市。

北极地区的人口密度约为 0.96 人/平方公里（2018 年数据），各国北极地区与全国平均人口密度相比均有较大差距，如果将北极地区与非北极地区进行比较，这一差距会更加悬殊。同时，北极地区内人口的空间分布也是非常不均匀的，一方面人口都集中于首府城市或者少数经济较发达地区，另一方面由于北极地区气候寒冷，部分区域常年被冰雪覆盖，形成了大量的无人区。例如格陵兰，虽然国土面积达到216万平方公里，但真正可供人类生存及发展的无冰区面积仅为41万平方公里，占比约19%。有趣的是，这一比重在2001年约为15%，[1] 可见随着北极地区气温升高和科技的进步，人类在北极地区能够开发利用的区域正逐步扩大。

在科技水平不断进步的今天，人类能够适应的生存环境已经越来越宽泛，以往认为的不毛之地在当下已经成为举足轻重的发展资源。因此，各国所拥有的大面积北极领土对于其未来经济发展至关重要，北极公共地区的开发与利用也将成为今后全世界经济发展的关键。

"冰上丝绸之路"沿线地区人口密度[2]

行政区	2006 人口数/(人)	2006 人口密度（人/平方公里）	2018 人口数/（人）	2018 人口密度（人/平方公里）
加拿大				
育空地区	30 372	0.06	40 333	0.08
西北地区	41 464	0.28	44 445	0.39

[1] 数据来源：格陵兰统计年鉴。
[2] 资料来源：根据各国统计局或普查局发布数据整理计算得出，部分数据来自网络。

续表

行政区	2006 人口数/(人)	2006 人口密度(人/平方公里)	2018 人口数/(人)	2018 人口密度(人/平方公里)
纽芬兰和拉布拉多省	505 469	1.36	525 073	1.42
努纳维克地区	10 784	0.02	13 990	0.03
努纳武特地区	26 745	0.01	38 650	0.02
美国				
阿拉斯加州	670 053	1.17	739 795	1.29
俄罗斯				
阿尔汉格尔斯克州	1 249 000	2.13	1 111 000	1.89
楚科奇自治区	51 400	0.07	50 000	0.07
卡累利阿共和国	698 000	3.87	622 000	3.45
汉特—曼西自治区	1 478 000	2.83	1 655 000	3.16
科米共和国	985 000	2.36	841 000	2.02
马加丹州	172 000	0.37	144 000	0.31
摩尔曼斯克州	857 000	5.91	754 000	5.20
克拉斯诺亚尔斯克边疆区	5 096 000	2.18	5 603 000	2.39
堪察加边疆区	349 000	0.74	316 000	0.67
萨哈共和国	950 000	0.31	964 000	0.31
亚马尔—涅涅茨自治区	531 000	0.71	538 000	0.72
挪威				
芬马克郡	72 937	1.59	76 167	1.66

续表

行政区	2006 人口数/(人)	2006 人口密度（人/平方公里）	2018 人口数/(人)	2018 人口密度（人/平方公里）
诺德兰郡	236 257	6.55	243 335	6.75
斯瓦尔巴群岛	2 400	0.04	2 667	0.04
特罗姆斯郡	153 585	6.17	166 499	6.69
冰岛				
冰岛	307 672	2.98	353 574	3.43
芬兰				
拉普兰省	184 935	1.87	178 522	1.80
奥卢省	465 018	8.18	491 151	8.64
瑞典				
北博滕省	251 886	2.56	250 497	2.55
西博滕省	257 581	4.67	270 154	4.90
丹麦				
格陵兰	56 898	0.03	56 025	0.03
法罗群岛	48 183	34.5	48 497	34.7
总计	17382257.31	0.94	100	0.96

"冰上丝绸之路"沿线地区原住民分布

"冰上丝绸之路"沿线地区人口约1050万，土著居民约200多万人，主要分布在8个环北极国家的北纬60°以北地区。

"冰上丝绸之路"沿线地区的土著民族按区域划分的界限比较清晰,爱斯基摩—阿留申语族、纳—德内语族(北美印第安语族,包括阿萨巴斯卡、伊亚克和特林吉特语族)主要分布在北美和北欧格陵兰;楚科奇—堪察加语族、阿尔泰语族(突厥语族、通古斯语族)、乌拉阿尔语族(芬兰—乌戈尔语族、萨默耶德语族)主要分布在俄罗斯;属于乌拉阿尔语族的芬兰—乌戈尔语族在北欧和俄罗斯均有分布。

这些语族可分为20多个民族,具代表性的有印第安人、因纽特人(Inuits)、阿留申人(Aleut)、萨米人(Saami)和俄罗斯地区的一些北方少数民族。

在环北极各国行政区中,只有加拿大魁北克省的努纳维克地区、俄罗斯的埃文基自治区和科米共和国全部居住着北极土著民族,其中努纳维克地区是因纽特人,埃文基自治区和科米共和国分别是埃文基人和科米人。丹麦格陵兰、加拿大努纳维克地区均以因纽特人为主要居民,比重达到85%以上,但绝对人口数量都比较低。加拿大和美国北极地区原住民主要是印第安人和因纽特人。俄罗斯萨哈共和国也以北方少数民族为主(60%),主要是雅库特人、埃文基人、埃文人、楚科奇人、多尔甘人和尤卡吉尔人。挪威北部的芬马克郡居住着较多的萨米族人,约37,000人,[①]达到该区域人口的45%。诺德兰郡和特罗姆斯郡也居

---

① 参见 http://www.ssb.no/en.

住着少量的萨米族人。①

北美、俄罗斯、北欧比较而言，俄罗斯的北极土著民族人口最多，达177万人，北美次之，约17万人，北欧最少，约9.5万人，其中包括北美起源的5万多格陵兰因纽特人。这些土著民族世代生活在气候环境恶劣的北极地区，靠渔猎（主要是海豹、鲸、海象和鱼类）为生，居所极其简陋。至今，他们驯养驯鹿，也开始享受现代科技与物质文明生活，同时保留着北极地区土著民族传统的渔猎和生吃鱼肉的风俗习惯。

"冰上丝绸之路"沿线地区经济发展

根据《北极经济》报告和《北极人类发展报告》，就北极整体而言，第一产业是"冰上丝绸之路"沿线地区第二大经济部门，主要为自然资源的开发，对北极GDP的贡献为31%。它主要由两种经济活动构成：大规模不可再生资源的开发和可再生资源的使用。

第二产业就其重要性而言，在北极地区位居第三。整体而言，北极地区制造业不发达，日常消费品一般都从南部的工业中心或国外进口。

第三产业在北极地区是最具优势的，约占所有经济活动的50%，在某些地区，如育空、特罗姆斯、芬马克等超

---

① 参见 http://www.nationsencyclopedia.com/canada.

过了80%。其原因主要有两个方面：一是公共行政的分量大，在大多数地区，包括健康和教育服务的公共行政活动约占所有经济活动的20%—30%；二是其他产业的显著发展，如贸易、运输和旅游等。

根据《北极人类发展报告》，"冰上丝绸之路"沿线地区的经济有三个特点：第一，北极地区是服务世界市场最大的自然资源库；第二，北极土著民族的生存经济逐渐解体，北极区域国家的主流混合经济与社会发展模式开始侵蚀生存经济；第三，公共服务经常通过从中央到区域政府的转移支付。

第三章

对"冰上丝绸之路"的早期探索与开发

近年来，中国的北极活动已由单纯的科学研究拓展至北极事务的诸多方面，涉及全球治理、区域合作、多边和双边机制等多个层面，涵盖科学研究、生态环境、气候变化、经济开发和人文交流等多个领域。作为国际社会的重要成员，中国对北极国际规则的制定和北极治理机制的构建发挥了积极作用，中国企业也开始积极探索北极航道的商业利用。此外，中国发起共建"丝绸之路经济带"和"21世纪海上丝绸之路"（"一带一路"）重要合作倡议，与各方共建"冰上丝绸之路"，为促进北极地区互联互通和经济社会可持续发展带来合作机遇。

人类对"冰上丝绸之路"的早期开发

北欧维京人是最早在北极地区进行探险活动的群体，其中的维京海盗是发现北极的重要力量。公元870年，一个叫奥特的古斯堪的纳维亚贵族受好奇心的驱使，扬帆远航，沿挪威海岸绕过斯堪的纳维亚半岛的最北端，绕过科拉半岛而驶入白令海，成为人类历史上第一次有记录的进入北冰洋的航行。这些北欧人探索北极的勇气与精神可嘉，却没有留下多少有用的记录，直到15世纪奥斯曼土耳其帝国占领了君士坦丁堡，马可·波罗的游记中开始出现对东方遍地黄金的描述，这激发了西欧人开辟新航道的欲望，人类对北极的探索进入了快速发展的新阶段。[1]

随着大航海时代的来临，北极地区航行探险进程加快。1500年，葡萄牙航海家考特雷尔兄弟发现了纽芬兰岛，并意图将其纳入葡萄牙的殖民帝国之中，但不幸的是，在接下来的北极航行中，兄弟二人和船队集体失踪。

随着北方海域活动范围的扩大，人们探索北方海域的兴趣日渐浓厚。1525年，俄罗斯文学家、外交家季米特里·格拉西莫夫首次提出沿欧洲和亚洲北方海岸可能存在

---

[1] 刘星：《二十世纪上半叶俄罗斯（苏）、加拿大、美国所属北极地区开发》，黑龙江大学，2017。

水道。格拉西莫夫的这一想法促使英国和荷兰先后组织了几次北海探险活动。1553年，英国海军上将休·威洛比带领探险队寻找东北航道，开启了英国通往北德维纳河的商路。同年，英王爱德华六世派遣船队进行北极远征，希望打通航道，尽管由于北极的严寒，这一行动最终宣告失败，但船上的幸存者们成功抵达了俄国，并受到了沙皇的接见，从而打通了英俄之间的商路。

1556年，英国人斯杰芬·巴尔罗带领探险队乘船抵达科拉半岛后，在向导的引领下航行至新地群岛。随后，英国人皮特于1580年也带领探险队前往喀拉海域，试图寻找前往东方的海上通道。16世纪80年代，荷兰商人在北极地区开始活动。荷兰人布留涅尔受商人委托，曾于1577年和1580年先后两次前往俄罗斯的乌拉尔地区，并深入鄂毕河流域，航行至俄罗斯北方著名港口曼加泽业。荷兰商人伊萨卡·马萨还试图垄断这一时期荷兰与阿尔汉格间的对外贸易。

俄罗斯人在北冰洋海域进行的经济开发活动始于12世纪中期。北方沿海居民首次抵达白海和巴伦支海沿岸开展航海活动，开始北方船舶制造，对北方海沿岸地区进行经济开发，捕获海兽和鱼类，在科拉半岛、白海和巴伦支海沿岸地区还出现了农民聚居地和贵族的城堡。此后，沿海俄罗斯居民捕鱼海域不断扩大，14世纪扩及至新地群岛，16世纪抵达斯匹茨卑尔根群岛。

第三章 对"冰上丝绸之路"的早期探索与开发

16世纪中期,伴随俄罗斯中央集权国家的建立和巩固,俄罗斯与北极地区的联系不断加强,尤其是滨海地区加入其国内市场经济体系后发挥着越来越大的作用。滨海地区的渔业产品主要满足国内外市场的需求,例如摩尔曼斯克的鲱鱼、鳕鱼、鲽鱼、鲑鱼、海象和猛犸象骨制品、毛制品和钾碱等产品,而运往北方地区的主要有粮食、肉、米和油。此外,用于制造船舶的木材也开始大量出口英国,英国人和荷兰人还在阿尔汉格尔斯克市场上购买鱼和油脂。俄罗斯毛皮远销世界各地,买主有西欧商人、土耳其商人、波斯和中亚国家的商人,其中价格昂贵的是毛皮,尤其是紫貂皮。

人类对高纬度地区和北极点的探险和考察始于1879年7月,由美国探险家德隆主持的"珍妮特号"从美国的旧金山港出发,前往北极援救瑞典人诺登许尔德男爵。在途中,船长德隆得到了男爵已经获救的消息,在此鼓舞下决定开启探索北极点的航程。然而由于北冰洋的恶劣环境与严寒天气,船队于1881年9月17日在西伯利亚登陆,远征航行最终宣告失败,登陆后船员大多冻死在西伯利亚冰冷的环境中。德隆虽然失败,但是却给后人留下了通往北极点航程的精确记录。

1884年,挪威人南森得到在格陵兰岛西南发现"珍妮特号"碎片的消息后,便开始酝酿自己的北极远征。1893年6月,他驾驶"费拉姆号"开始极地航行,尽管最终以被英国人救援而告终,但他获得了航行是行不通的,需要雪地旅行才能征服北极这一重要认知。1908年6月,美国人皮尔里驾驶"罗斯福号"冲击北极点,在总结前人经验的基础上,1909年4月6日,皮尔里终于到达北纬90度,人类最终征服了北极。而俄罗斯是在"十月革命"以后,在近海航行经验逐渐丰富后,才开始北极高纬度地区航行,并利用飞机开展大规模的北冰洋科研工作。

相关国家及国际组织对"冰上丝绸之路"的科学探索历程

在北极设立的科考站主要有地面观测站和海上漂流科考站两种。目前,挪威的斯瓦尔巴德群岛是世界北极研究的中心,不少国家都在此设立了永久性的北极科考站。美国在阿拉斯加地区设有图里克湖观测站和巴罗观测站,开展大气和生态系统研究。加拿大已建成高纬度北极科考站,是世界一流的北极研究中心。俄罗斯注重通过设立海上漂流科考站对北极进行考察和监测,从1930年至今,俄罗斯已设立了40多个漂流科考站,开展气象学、海洋地理学、环境污染等领域的研究调查。

第三章 对"冰上丝绸之路"的早期探索与开发

北欧诸国

首先,丹麦作为环北极国家之一积极主张对北极地区的主权。2007年8月12日,丹麦政府组织40名科学家成立科考队进入北极,求证罗蒙诺索夫海岭是否实际上与格陵兰岛相连,以宣告丹麦在北极的领土权利。1992年,在丹麦与德国的倡导下成立了波罗的海国家理事会,其成员包括波罗的海三国、北欧五国、俄罗斯、波兰和德国,这个机构成为与北极发展事务相关的两个重要次区域机构之一。另一个机构便是1993年在挪威倡议下成立的巴伦支海欧洲——北极地区合作机制,其中包括巴伦支欧洲北极委员会和巴伦支地区委员会。[①]

其次,芬兰于1991年率先提出设立政府间合作渠道的倡议,推动《北极环境保护战略》的出台。这个战略设立了4个工作小组,分别是北极检测评估项目工作组,北极植物和动物保护工作组,预防、防备和应对紧急情况工作组,北极海洋环境保护工作组。[②]

1998年,冰岛政府在阿库雷里建立了斯蒂芬森北极研究所,研究所隶属于冰岛环境和自然资源部,是一个独立的政府研究机构,主要通过跨学科的研究方法,分析北极

[①] 郭培清,王洋:"美国的北极政策实践:军事与战略视角",刘惠荣主编,《北极地区发展报告(2016)》,北京,社会科学出版社,2017:171—172页。

[②] 杜梦渊:《多层治理视角下的欧盟北极政策研究》,上海社会科学院,2019。

地区的气候、环境、生态变化及其影响。2004年，冰岛举办了第一届北极理事会成员国教育和科学部长会议。[1] 2011年6月，由冰岛的阿库雷里大学、阿库雷里市及斯蒂芬森北极研究所共同承办的第七届国际北极社会科学协会会议在冰岛阿库雷里举行，大会的主题是：全球对话中的北极视角以及相关社会科学研究活动。[2]

2013年8月，冰岛在阿库雷里大学举办了北方大陆的气体变化研讨会，旨在将注意力转移到陆地方面所面临的挑战、欧洲最北部地区以及北极地区未来研究需求和现有气候变化迹象，以及将科学知识转化为行动等。[3] 2013年10月，冰岛北极研究所与冰岛北极门户网站、冰岛国家能源局联合举办了主题为"丰裕、应变能力和责任——作为持久前沿的北极"的2013北极能源峰会。2015年，冰岛气象局在雷克雅未克召开了极地和高山观测、研究与服务专家组第六次会议。2015年12月，北极理事会突发事件预防、准备和反应工作组会议在雷克雅未克召开。[4] 2015年10月，冰岛首都雷克雅未克举行了北极海洋资源治理

---

[1] 冰岛外交部，Gunnar Pálsson:《北极比环境更重要》，努克，2004年9月3日。
[2] 中国极地研究中心:《国外极地考察信息汇编》，2011年总第22期，第12页。
[3] 中国极地研究中心:《国外极地考察信息汇编》，2013年总第29期，第30页。
[4] 中国极地研究中心:《国外极地考察信息汇编》，2016年总第40期，第7页。

会议，议题为：从短期、长期看，北极地区正在发生的生态系统变化会对生物资源产生的重要影响。[①]

加拿大

自20世纪40年代末开始，加拿大一直不遗余力地发展其北极科考能力，尤其是2007年俄罗斯在北冰洋底插国旗后，加拿大进一步加大了通过科学研究来支撑其北极权益主张的力度。

2009年，加拿大政府在"加拿大经济行动计划"中宣布，将提供专门资金用于维护和更新其重要的北极研究设施。2009年7月，《加拿大北方战略》中再次提到，为了确保加拿大在北极科学研究中的全球领先者地位，加拿大致力于在北极高纬度地区建立一个新的世界级研究站，它将成为广袤而又多样化的北极地区的科学活动中心。2010年，加拿大宣布高纬度北极研究站选址剑桥湾，并在2012年宣布，未来6年计划提供1.42亿加元用于研究站的建设和设备配置，同时提供4620万加元用于科学研究项目，到2018年将再增加2650万加元用于研究站的维护。

为了更好地收集极地气象资料以及提高极地天气预报的准确性，加拿大航天局从2009年就开始实施极地通信和气象卫星计划，在大椭圆高轨道上利用两颗卫星组成星

[①] 杨洋：《浅析冰岛的北极政策》，外交学院，2018。

群来提供北极高纬度地区的通信服务和气象遥感预测，计划在2016—2023年期间建成卫星观测系统。2014年8月8日，加拿大派出一艘载有极地科考人员的破冰船，从加拿大的纽芬兰和拉布拉多省出发，前往北极地区进行为期6周的科学考察，旨在为其提交的大陆架声索申请提供更多的证据。2014年10月，加拿大国家科学委员会北极研究项目面向世界寻求科技合作，期望与世界科技领先者就北极冰封区域的安全航行、石油开发、离岸冰荷载调查、石油泄漏处理等方面进行技术合作，并对合作者许以丰厚的利益回报。①

美国

1958年8月，美国核潜艇"鹦鹉螺"号首次穿越北极地区的冰层。1959年3月17日，美国"鳐鱼"号核潜艇第一次在北极点破冰上浮。②尽管美国先后于1994年和2009年发布了《美国北极政策》等文件，但比起俄罗斯、加拿大等北极国家，美国对北极事务的重视程度和资源投入都"保持一种低姿态"③。美国的北极活动以阿拉斯加为重心，主要围绕对北极地区的科考及资源开发开展。阿拉

---

① 朱宝林：《解读加拿大的北极战略——基于中等国家视角》，载《世界经济与政治论坛》，2016（04）：141—155页。
② 李益波：《美国北极战略的新动向及其影响》，载《太平洋学报》，2014，22（06）：70—80页。
③ 陆俊元：《北极地缘政治与中国应对》，北京，时事出版社，2010，157页。

斯加是北极地区仅次于西西伯利亚盆地的资源集中地，储藏着约221万亿立方英尺的天然气和299亿桶石油，同时还拥有丰富的锌、铅、铜、金、铀、铁矿石等矿物资源。

近年来，为减少对中东石油的依赖，提升应对能源安全的能力，美国除了大力推广页岩油开采技术，还日益重视近海能源开采，并逐步放开对阿拉斯加资源开发的限制。2013年4月，美国阿拉斯加州的自然资源局和美国能源部签署了开发包括可燃冰和稠油在内的非常规能源的备忘录；同年8月，美国内政部长萨利·朱厄尔在阿拉斯加表示："奥巴马总统支持在阿拉斯加北极地区继续进行理性的、负责任的近海石油开发工作。"[1] 奥巴马执政期间，美国政府增强了对北极事务的战略关注与资源投入，于2013年5月出台了美国首份国家北极战略文件——《北极地区国家战略》，并积极推动该战略的实施，在短短3年内，北极问题就上升为美国决策层的政治优先事项。[2] 此外，美国于2014年新投入使用"Sikuliaq"号研究船，目的是在阿拉斯加地区开展科学考察[3]，另外其他研究和考察船（如"马库斯·朗塞特"号等）也参与了北极科考和调查研究。

---

[1]《贝吉奇推动朱厄尔在北极地区进行更多的资源开发》，载《阿拉斯加商业月刊》，2013年8月。

[2] 肖洋：《竞争性抵制：美国对"冰上丝绸之路"的拒阻思维与战略构建》，载《太平洋学报》，2019，27（07）：66—75页。

[3] 王佳存：《美国2013—2017年北极研究计划》，载《全球科技经济瞭望》，2013，28（9）：17—22页。

俄罗斯（含苏联时期）

苏维埃北极地区科学研究是苏俄科研计划的重要组成部分，在北方地区和北海航线的开发中发挥着决定性作用，其中对北冰洋海域和注入北冰洋的西伯利亚河流河口地区开展水文测绘考察工作，则是北极地区科研工作的重中之重。1921—1928年苏维埃国民经济恢复时期，苏维埃政府组织水文测绘考察队，在喀拉海、拉普捷夫海和东西伯利亚海海域展开了长期细致的水文测绘工作。考察队经过5年的工作，成功绘制了第一本喀拉海和新地群岛的航路指南，并于1930年出版，为之后的北海航线的贯通航行奠定了坚实基础。

与北方水文测绘考察队同时开展水文测绘和地理调查工作的，还有1920—1921年的勒拿河口地区水文地理考察队、最高国民经济委员会北方渔猎考察队以及海上浮动研究所等。最高国民经济委员会北方渔猎考察队（以下简称北方考察队）于1920年3月成立，重点是在普通地理学和地质学方面的研究。北方考察队先后组建希比内山地地质考察队、摩尔曼斯克地质考察队、白海水文鱼类学考察队和驯鹿业考察队，在苏联欧洲北方和亚洲北方的西部地区开展考察工作并顺利完成既定任务。1923—1928年，极地委员会派遣科学家前往马托奇金海峡的气象观测站，积极参与新地群岛自然环境的研究；1927—1928年，极地委员会组织了由地植物学家 S.H. 戈罗德克夫带领的格达考察队,在格达半岛开展考察工作;1928 年又组织由 A.M. 托尔马切夫领导泰梅尔半岛北方地区考察队进行考察活动。进入 30 年代以后,苏联继续在北极地区、北冰洋海域开展科学研究工作,仍然聚焦西伯利亚海域和河流河口地区,研究主要包括水文测绘,以及北海航线船舶途径海域海冰形成问题等北极自然现象。[①] 俄罗斯拥有"费奥多罗夫院士"号、"特列什尼科夫院士"号、"绍卡利斯基院士"号等多艘科考船。

北极理事会

北极理事会(Arctic Council)成立于 1996 年,是由领土处于北极圈的国家组成的政府间论坛,主要使命是保护北极地区环境和对北极地区开展研究。理事会目前共有 8 个成员国,包括俄罗斯、加拿大、美国、丹麦、芬兰、挪威、瑞典和冰岛。此外,理事会还拥有 12 个正式观察员国,包括法国、德国、荷兰、波兰、西班牙、英国、中国、印度、意大利、日本、韩国和新加坡。

北极理事会是当前国际层面进行北极治理的最高协调机构,虽然并非一个严格意义上的国际组织,没有法律约束性的义务和规定,但作为一个由北极周边国家牵头组

[①] 刘星:《二十世纪上半叶俄罗斯(苏)、加拿大、美国所属北极地区开发》,黑龙江大学,2017。

织、其他主要国家积极参与的政府间协调机构，它在决定北极未来发展走向方面仍然发挥着重要作用。

为解决北极地区优先发展任务，北极理事会共设有六大工作组：环境污染治理，动植物保育，北极海洋环境保护，北极监测与评估，紧急事件预防、准备与应对，可持续发展。2015年，北极理事会进行了改组，新加了若干专项工作组，工作内容涉及海洋合作、通信基础设施建设、加强北极地区国际科学合作的多边文件制定等。

国际北极科学委员会

为加强对北极地区的科学研究，国际北极科学委员会（International Arctic Science Committee）于1990年8月成立。这是一个非官方的北极科学协调组织，其宗旨是制定北极科学研究和环境保护相关规划和计划，协调、组织、促进北极地区国家间的学术交流与合作，共有17个成员国，除8个北极周边国家外，还有英国、法国、德国、日本、中国等。目前，委员会下设5个工作组，包括大气工作组、冰冻圈工作组、海洋工作组、社会与人类发展工作组和陆地生物工作组，这些工作组的主要职能是通过提供规划、合作与交流机会，以及共享科研设施，鼓励并支持国际领先的科研项目。工作组由各成员国享有国际声誉的领域专家组成，每个国家不超过两人。另外，委员会还设有9个专题工作组，解决特定的科学任务，包括：北极冰川研究、极地考古研究、北极海岸动力学研究、北极气候系统研究、古北极时空特征研究、北极快速变迁相关研究、北极淡水合成研究、北极变化相关国际研究、北极地区陆地生物研究与监测相关国际研究。[①]

中国对"冰上丝绸之路"的科考活动

中国与北极的关系古已有之，虽然缺乏可靠的史料支持，但从分散在中国历代典籍中的只言片语来推测，中国与北极的关系有可能追溯到公元前。如果基于学术研究更严格的历史考据，中国官方正式参与北极事务应该始于20世纪20年代中期，中国参与北极事务的大发展期应该从20世纪90年代后开始。

1925年以前，中国先人可能早已开始关注并涉足北极地区。由于缺乏有力的文献资料支持，现在难以考证，到底是哪些中国人何时最先进入北极哪些地区，以及主要过程和目的等等。由于"北极"一词是个现代意义上的概念，所以中国古代没有也不可能使用这个词。尽管如此，中国人对北极的认识在历史典籍中却并不鲜见。部分早期

[①] 张丽娟，许文：《主要国家北极研发政策对比分析》，载《全球科技经济瞭望》，2017，32（03）：6—13页。

典籍中存在对北极环境的模糊描述，似乎在暗示古代中国人已经了解、接近甚至到达过北极地区。

2003年中国第一档案馆研究员、历史学家鞠德元先生经过考证认为，第一位到达北极的中国名人是中国西汉时期的东方朔（前154—前93年）。如果这一考证为真，那么中国与北极的关系比西方晚了不到200年。鞠先生的主要根据是《海内十洲三岛记》中的一段记载："臣……曾随师主履行，壁纸朱陵扶桑，蜃海冥夜之丘，纯阳之陵……"[①] 鞠德元认为，"冥夜之丘"是极夜现象，"纯阳之陵"是极昼现象，这两种现象无疑和北极有关。他还说，作为政治家和文学家的东方朔为世人所熟知，但作为探险家与地理学家的东方朔一直以来却被人们所忽视。青年时的东方朔曾随汉武帝派遣的方士集团到海外各地进行探险，到过北极地区也不无可能。此外，鞠先生还考证，第二位到过北极的中国人是清朝时有"马可·波罗"之称的谢清高（1765—1821年）。谢清高曾是海员，18岁跟随外轮出洋，漂泊14年，可谓周游世界。他到过接近北纬80°地区，体验了"六个月为日，六个月为夜"的极昼和极夜景象。第三位到过北极的中国名人是近代思想家、维新运动的领袖康有为。1908年，在"戊戌变法"失败后，康有为"携同璧（女儿）游挪威北冰洋那岌岛夜半观日将

[①] 引自（汉）东方朔："海内十洲三岛记"，"古籍在线"，见http://www.gujionline.com/AQCN14340

第三章 对"冰上丝绸之路"的早期探索与开发

下末而忽升"。①

如果上述记载属实，那么3位中国人去北极的目的并不相同。其中，东方朔去北极应该属于官方或私人行为，目的是为了完成汉武帝交给的探险使命或出于满足纯粹的个人游历偏好；谢清高去北极应该属于生存与职业需要；康有为去北极则完全是政治所逼与流亡所迫。3人当中，只有东方朔去北极的目的可能具有官方性质。但无论如何，3人北极之行都不能说与国家政策有直接关系。鉴于此，中国与北极接触长期以来缺乏必要的政治目的，也就不能引起世人关注，更不可能产生重大国际影响。相比之下，真正对中国参与北极事务产生重大国际影响的还是在中国签署《斯瓦尔巴条约》之后。②

中国参与北极事务由来已久。1925年，中国加入《斯匹次卑尔根群岛条约》，正式开启参与北极事务的进程。此后，中国对于北极的探索不断深入，实践不断增多，活动不断扩展，合作不断深化。

中国对于北极地区的考察主要包括以下重要事件：1951年，武汉测绘学院高时浏到达地球北磁极，从事地磁测量工作，成为第一个进入北极地区的中国科技工作者。1958年，新华社记者李楠乘坐"依尔14"飞机，从莫斯

---

① 《中科院研究员：康有为是中国到达北极第一人》，载《湖北日报》，2007年9月12日。

② 王新河：《推进北方海上丝绸之路："北极问题"国际治理视角》，北京，时事出版社，2017.2：141—143页。

科出发，先后在苏联北极第7号浮冰站和北极点着陆，完成北极考察，成为第一个到达北极点的中国人。1991年，中国科学院大气物理所研究员高登义参加挪威组织的北极浮冰考察，首次在北极地区展开了一面五星红旗。1993年，香港记者李乐诗乘加拿大飞机到达北极点，成为第一个到达北极点的中国女性。1993年，中国科学技术协会成立中国北极科学考察筹备组，派沈爱民、位梦华和李乐诗3人从美国阿拉斯加进入北极地区考察，次年国家测绘局周良赴北极进行卫星全球定位系统技术考察。之后又有中国科学院祝茜博士赴阿拉斯加进行北极露脊鲸考察，以及当年中国科学院张青松教授和侯书贵博士赴阿拉斯加北极地区进行气候与环境变化考察。1995年，徐力群夫妇自费赴北极进行爱斯基摩人和鄂伦春族的文化对比研究。更值得一提的是，中国于1995年首次正式组建了自己的"北极科学考察筹备组"，系统地开展中国自己的北极科学考察。[1]

1996年，中国成为国际北极科学委员会成员国，中国的北极科研活动也日趋活跃。从1999年起，中国以"雪龙"号科考船为平台，成功进行了多次北极科学考察。2003年7月15日，中国国家海洋局组织了第二次北极科考，本次科考除了支撑平台"雪龙"号，还同时配备了直

---

[1] 位梦华："北极的回忆"，载《辉煌的历程——回顾中国地球物理学会60周年专刊：中国地球物理学会》，2007：423—428页。

升机、水面作业艇等，扩大了探测范围，并建立起了临时观测站。此外，本次科考共有109名来自中国、俄罗斯、美国、加拿大、芬兰、日本、韩国的科考人员参加，具有很强的国际性。[①] 2004年，中国在斯匹次卑尔根群岛的新奥尔松地区建成"中国北极黄河站"。2005年，中国成功承办了涉北极事务高级别会议的北极科学高峰周活动，开亚洲国家承办之先河。截至2017年年底，中国在北极地区已成功开展了8次北冰洋科学考察和14个年度的黄河站站基科学考察。[②] 2018年9月26日，雪龙号科考船历时69天顺利返回上海，自然资源部组织开展的中国第九次北极科学考察顺利结束。借助船站平台，中国在北极地区逐步建立起海洋、冰雪、大气、生物、地质等多学科观测体系。2019年9月27日，中国第十次北极考察队124名科考队员从上海出发，乘坐"雪龙"号极地考察船，沿途对白令海峡、加拿大海盆和北冰洋浮冰区以及多年生海冰区进行了综合性调查。[③]

[①] 张占海等主编：《中国第二次北极科学考察报告》，北京，海洋出版社，2004年，第23页。
[②] 中华人民共和国国务院新闻办公室：《中国的北极政策》白皮书，2018。
[③] 中国首次北极科学考察队编：《中国首次北极科学考察报告》，北京，海洋出版社，2000，31页。

链接：北极第三座科考站的故事

中国北极黄河站，位于挪威斯匹次卑尔根群岛的新奥尔松，是中国建立的首个北极科考站，落成于2004年7月28日。黄河站是中国继南极长城站、中山站两站后的第三座极地科考站。中国也成为第八个在斯匹次卑尔根群岛新奥尔松建立科考站的国家。

黄河站为什么选址挪威新奥尔松？

中国是《斯匹次卑尔根群岛条约》的缔约国，拥有在斯匹次卑尔根群岛开展包括科学考察等活动的条约权利，这是中国在此地区建立科学考察站的法律依据。挪威政府将新奥尔松作为一个绿色科考站来开发，当地拥有不受污染与干扰的原生自然环境和便捷的交通、通信条件，完善、专业的后勤保障。

黄河站的主要工作是什么？

北极黄河站是一座综合科考站，科考项目包括高空大气物理观测、气象观测站建立、GPS卫星跟踪站建立、地球生态环境演变考察、近岸海洋环境监测、冰川长期监测的可行性调查和大气化学采样等。

> 黄河站首任站长杨惠根说,黄河站将日地相互作用作为主要研究内容,找到了自己的"中国特色"。
>
> 黄河站以及周边科考站,有一个约定俗成的规矩,就是不能锁门,且门全部是朝外开的。当地有北极熊出没,这些是防熊的措施。一旦熊来,任何人随时都能迅速跑进楼里避难,北极熊只会推门,不会拉门,所以门要朝外开。

中国于2008年7月11日起,对北极进行了第三次科学考察。本次科考以北极气候变化研究为主,不涉及对北极资源的考察,重点关注北极地区自然过程对中国气候环境、海洋生态以及社会经济的潜在影响。[①]本次科考修缮了"雪龙"号,同时为它配备了新的大型科学考察设备,从而更有利于本次科考获得海底样本和采集海洋环境数据,修缮后的"雪龙"号首次到达北纬80度25分。本次科考同样进行了国际合作,有多个国家的12名科学家参与其中。

2010年7月1日,"雪龙"号科考船从厦门起航,进行中国第四次北极科学考察。此次科考长达3个月,于9月20日返回上海。相较于前三次来说,本次科考用时最长,

---

① 张海生主编:《中国第三次北极科学考察报告》,北京,海洋出版社,2009,3页。

中国第三次北极科考队合影

参与者最多，到达最北地区——北纬88°26′。期间部分科考队员乘坐直升飞机到达北极点，展开相关的科学考察。此次考察诞生了新中国航海史上船舶航行最北端的纪录。

2012年7月2日，中国北极科学考察队从青岛启程，历时3个多月，开展了对北极地区的第五次综合考察。本次科考不仅首次完成对北极和亚北极五大区域的准同步考察，最重要的意义还在于，这是中国首次利用北极航道往返于两大洋之间，为中国开发和利用北极航道提供了有力的实践经验。

中国第六次北极科学考察队于2014年7月11日从上海启程，此次考察期间北极的冰情较常年偏重，"雪龙"号在穿越白令海峡后不久，便于7月31日遇到浮冰，其后北极熊也来造访。"雪龙"号准备撤离前一晚，受大风和海流影响，船侧的大浮冰出现开裂，给撤离工作带来风险。经过科考队员和"雪龙"船员的共同努力，最终冰上人员和设备顺利撤出。①

2016年9月24日，中国第七次北极科学考察队乘坐"雪龙"号在上海长江口锚地下锚，历时78天，航行13,000余海里，完成77项科考任务。

2017年11月10日，中国第八次北极科学考察展开，本次科考是中国第一次完成环北冰洋考察，考察队以北极点为中心，顺时针航行"环形"，始自上海，穿白令海峡至楚科奇海，经中央航道抵达北欧海，随后经拉布拉多海到巴芬湾，直达西北航道，之后重新返回白令海。历时83天，总航程逾20,000海里。科考队开展了以海洋基础环境、海冰、生物多样性和海洋塑料垃圾等为重点的多学科综合调查，填补了中国在多处海域的调研空白，为北极航道、生态和污染环境的系统分析与评价积累了第一手珍贵资料。②

中国第九次北极科学考察是自然资源部组建后，组织实施的第一次极地考察。本次考察队共有13名队员组成，包括1名来自美国特拉华大学的科学家和2名来自法国巴黎第六大学的科学家。2018年7月20日，"雪龙"号离开上海码头，历时69天，至9月26日考察结束。

2019年9月27日，中国第十次北极考察队克服天气

---

① 张一玲：《北极归来话科考》，载《海洋世界》，2014（12）：10—15页。
②《第8次北极科考实现3个突破》，载《科技导报》，2017，35（22）：6。

恶劣、时间紧、任务重等困难，完成主体考察任务，返回青岛。本次考察2019年8月10日开始，历时49天，航行10300余海里，最北到达北纬76°02′。

从1999年到2019年，中国先后进行过十次北极科学考察，对北极地区的自然条件和地理环境在全球变化的研究中占有举足轻重的位置。

链接　我们离极地科普有多近

目前世界各国通行的极地科普方式包括：科普教育基地、极地官方网站、极地科普网站、极地科普展览、科普教育活动、极地考察相关文化产品和出版物等。

中国已经建成了一定数量的极地科普网站和极地科普教育基地，如上海极地科普馆、北京富国海底世界、黑龙江极地科普教育基地、大连老虎滩极地科普馆、青岛极地海洋世界、成都海昌极地海洋世界、南京海底世界、合肥海洋世界、天津海昌极地海洋世界和杭州极地海洋世界等10处极地科普教育基地，为公众接触海洋、认识极地提供了重要的渠道。

第四章

全球气候变化对北极的影响

气候变化在全球气候变暖的背景下，北极地区的环境也发生着变化。本章以北极地区的气候变化为背景，分析北极地区气候演变的区域及全球影响。在此基础上，探究影响北极地区气候的冰冻圈各组成要素之间的演变对自然环境的影响。最后，分析北极地区气候变化对"冰上丝绸之路"建设的影响。作为全球气候系统的重要组成部分，北极地区的气候演变对北极乃至全球的自然、人文环境均有着显著且长远的影响。

北极地区的气候变化

观测事实及最新的 IPCC[①]第五次报告均表明，全球气候变暖趋势毋庸置疑。

基于相对完整的计算资料（1901—2012 年）得到的统计结果表明，全球几乎所有的地区都经历了地表增暖过程，其中北半球极端最低温度的出现频率有所下降，最高温度的频率却有所增加。

全球气候变化的背景下，北极作为全球气候系统的重要组成部分，是全球气候变化最为敏感的地区之一，气候变化致使北极区域海冰融化。北极海冰的覆盖在 21 世纪将继续缩小、变薄，北半球春季积雪和全球冰川体积将进一步减少，北半球高纬度地区近地表多年冻土范围也将减少。[②]

北极变暖的主要特征就是北极海冰融化，导致的结果主要有两个方面。一方面，北极地区本身有丰富的淡水资源，冰盖融化导致淡水资源减少，对全球淡水系统造成影响。另一方面，北极海冰融化已经成为导致全球海平面上

[①] 即政府间变化专门委员会，是评估与气候变化相关科学的国际机构。
[②] 秦大河，托马斯·斯托克，259 名作者和 TSU（驻伯尔尼和北京）：《IPCC 第五次评估报告第一工作组报告的亮点结论》，载《气候变化研究进展》，2014，10（1）：2—6 页。

升的重要组成部分，IPCC第四次报告在专门召开的冰盖不稳定性与海平面上升探讨会上指出，冰冻圈对于全球海平面上升的贡献值很大，甚至比海洋热膨胀的贡献值要大，IPCC第五次报告也证明了这一点。海平面上升会导致陆地减少，部分国家和地区面临海平面上升淹没自身国土资源的风险。[①] 此外，北极变暖会对人类生存安全造成影响，由于北极变暖加速全球气候变化，特有的物理机制对全球粮食安全和生态安全造成影响。

由于气温升高，近几十年来北极地区积雪范围、最大积雪深度和雪水当量呈现减少趋势，积雪覆盖时长缩短，最大积雪深度发生时间提前。自1967年卫星观测以来的评估表明，北极地区（北纬60度以北）6月积雪范围每10年减少（13.4±5.4）%，累积损失约250万平方公里。

全球变暖导致冰冻圈大面积萎缩，冰川冰盖质量损失，积雪减少，北极海冰范围和厚度减小，多年冻土升温，预计未来仍将持续。[②] 2006—2015年间，格陵兰冰盖平均冰量损失速率达（278±11）10^9 吨/年；格陵兰岛和南极洲以外的全球冰川平均冰量损失速率为（220±30）

---

① 《基于GRACE空间重力、卫星测高和Argo的再评价》，载《2009年全球卫星变化》，65:83—88页。
② 王慧，刘秋林，李文善，潘嵩，李琰，王爱梅，徐浩，吕江华：《气候变化中海洋和冰冻圈的变化、影响及风险》，载《海洋通报》，2020，39（02）：143—151页。

10^9 吨/年,相当于全球平均海平面上升(0.61±0.08)毫米/年。由于格陵兰的冰损失增加,水平面上升加快(很可能)。2007—2016年间格陵兰冰盖的质量损失比1997—2006年间增加了1倍。

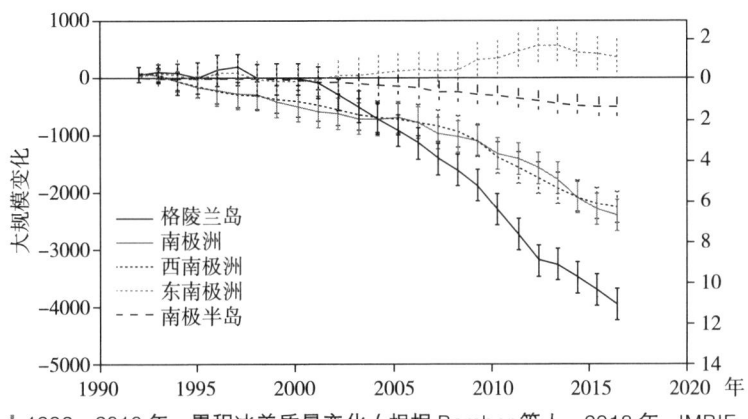

| 1992—2016年,累积冰盖质量变化(根据Bamber等人,2018年;IMBIE团队,2018年)。[1]

全球气候变化的背景下,北极作为全球气候系统的重要组成部分,是全球气候变化最为敏感的地区之一,气候变化致使北极区域海冰融化,永久冻土层温度升高,积雪厚度下降,冰川逐渐消融等,而北极变暖同样对全球气候、生态、地缘政治等各个方面产生影响,这些影响直接关系到人类的生产生活。

---

[1] 资料来源:IPCC.气候变化中的海洋和冰冻圈特别报告,见 https://www.ipcc.ch/srocc/chapter/chapter-3-2/

北极地区的冰冻圈演变

冰冻圈指地球表层具有一定厚度且连续分布的负温圈层，又称为冰雪圈、冰圈或冷圈。冰冻圈内的水体一般处于冻结状态。冰冻圈在岩石圈位于从地面向下一定深度（数十米至上千米）的表层岩土；在水圈主要位于南大洋、北冰洋海表向下数米至上百米，以及周边一些大陆架向下数百米范围内；在大气圈主要位于0℃线以上的对流层和平流层内。

冰冻圈的组成要素包括冰川（含冰盖）、冻土（包括多年冻土、季节冻土）、积雪、河冰和湖冰、海冰、冰架、冰山和海底多年冻土，以及大气圈对流层和平流层内的冻结状水体。

冰冻圈是全球气候变化研究的热点地区和领域之一。冰冻圈是气候系统最敏感的圈层，全球持续变暖的今天，冰冻圈各要素的冰量总体处于亏损状态。

由于全球变暖和人类生存息息相关，所以本书特别关注过去百年和现在气候变化的情况。在过去百年甚至更长的历史时期内积累的大量冰川、气象等观测资料，使我们能够更加准确地评估这个时段的气候变化。IPCC评估指出，1880—2012年间，全球陆地与海洋年平均气温上升了0.85℃。根据已知最长观测记录得到的结果表明，2003—2012年平均温度较1850—1900年高0.78℃。大气和海洋在变暖，海平面在上升，冰冻圈各要素都经历了显著的变化。以下按冰冻圈要素分别讲解。[1]

北极冰川和冰盖演变

北极冰川约 6.4 万条，总面积为 42.2 万平方公里，冰储量为 11.5 万立方公里。研究显示，2019 年 1 月北极海冰面积比 1981—2010 年的平均值低 86 万平方公里（6.0%），为 41 年来的最低水平。2019 年 6 月，北极冰川较多年平均值缩小 10.5%。格陵兰岛 2019 年气温破纪录，融化季节比往常提前了近 1 个月，仅 6 月 17 日一天格陵兰岛就损失了近 37 亿吨冰，极有可能打破 2012 年创下的北极海冰面积最低纪录。

升温最为直接的后果是冰川消退。若按北极持续升温会导致冰川融化速度增加 1 倍估算，北极各地的冰川将在数十至数百年间完全消失。目前海平面每年上升约 3 毫米，其中由于海洋升温导致热膨胀的贡献比为 42%，冰川融化贡献了 21%，格陵兰冰盖和南极冰盖消融分别贡献了 15% 和 8%。[2]

尽管格陵兰岛中部高原地带由于固体降水的增大而导致冰盖增厚，但南部边缘的冰盖消融十分显著。格陵兰

---

[1] 秦大河：《冰冻圈科学概论》，北京，科学出版社，2018。
[2] 单卫东：《一份关于北极地区冰川情况的报告》，载《中国自然资源报》，2019-12-07（005）。

冰盖沿海部分变薄的速度超过内陆因降雪增加而变厚的速度。1993—1999年间格陵兰冰盖边缘区以每年50立方千米的速度融化，对海平面的贡献率达每年0.13毫米。目前北极冰盖对全球海平面上升的贡献不到23%，但其巨大的冰储量将是未来长期海平面上升的主要贡献来源。①

北极冻土演变

冻土指在0℃和0℃以下含有冰的各种岩石或土。②环北极地区已有大量的冻土钻孔温度记录。阿拉斯加地区在20世纪80年代中期、90年代早期及21世纪初期都是相对寒冷的时期，20米深度处的冻土层温度相对稳定，甚至有降温的趋势。但是进入2007年之后，阿拉斯加北部地区的两个观测点显示，20米深度的冻土层温度升高了0.2℃。加拿大西部的麦肯齐河走廊地区在过去的25年里不连续冻土区的年平均地温以10年0.2℃的速度上升。西南地区的冻土温度仍保持稳定，而中部在1998—2007年期间，活动层厚度以每年5厘米左右的速度增加。在东部埃尔斯米尔岛地区，15米深度处的多年冻土在过去30年时间内以大约每年0.1℃的速度增加，在36米深度处却以每10年0.1℃的速度增加。魁北克的拉洛伦矿地区在20世纪前

---

① 北极问题研究编写组：《北极问题研究》，北京，海洋出版社，2011：146页。
② 秦大河：《冰冻圈科学辞典》，北京，气象出版社，2016。

50年时间里,先是降温,继而呈升温趋势;50年代后期到80年代晚期,又呈降温趋势,之后又升温;1993年开始呈现了明显的活动层加厚的趋势。在厄缪亚克(Umiuzaq),地下4米和20米处的地温从20世纪90年代以来平均升高了1.9℃和1.2℃。

在俄罗斯的西伯利亚西北部地区,在1974—2007年期间地表温度都呈现升高趋势,在寒冷的冻土区增加2℃,而在温暖的冻土区只增加1℃。大多数变暖出现在1974—1997年,1997—2005年期间很多地区的冻土温度并未发生变化甚至有些地区呈现变冷趋势,而在2005年之后,低温低于0.5℃的区域出现了升温趋势。[1]

20世纪后半叶,北半球季节性冻土覆盖的最大面积减少了约7%,春季减至15%。自20世纪中叶以来,冻土层最大深度在欧亚地区减少了约0.3米,冻土消融,冻土带北移;常年冻土层、季节性冻土和河湖冰在减少,冻土的存在对能量通量和湿度通量很重要,冻土表面在能量过程和气候过程中发挥着重要作用。[2]

北极海冰演变

海冰指海洋表面海水冻结形成的冰,海冰表面的降水

---

[1] 秦大河:《冰冻圈科学概论》,北京,科学出版社,2018。
[2] 北极问题研究编写组:《北极问题研究》,北京,海洋出版社,2011:146页。

再冻结也成为海冰的一部分。①海冰是海洋—大气交互系统的重要组成部分,与全球气候系统间存在灵敏的响应和反馈机制。②

  北极海冰是冰冻圈各要素中对气候变暖响应比较快速的要素之一。从20世纪开始,北极海冰显著缩减。夏季海冰的范围从1950年以后开始加速减少,且一些区域在夏季出现无冰区时段。③海冰减少的区域表现出季节变异特征,冬季与北大西洋接壤的北极海冰范围变化与北大西洋区域气候变化有着非常密切的联系,格陵兰海、巴伦支海和北冰洋边缘海区海冰减少值已超过平均值的一半以上,其中冬季减少值为最大,秋季相对较小。④IPCC第五次评估报告认为⑤,在全球变暖的背景下,过去几十年北极海冰面积减小、厚度变薄,并且随着全球气温的继续加速上升,到21世纪末,北极海冰范围在9月份将会减少。⑥

  1999年,科学家依据仰视声呐数据发现了北冰洋平

---

① 秦大河:《冰冻圈科学辞典》,北京,气象出版社,2016。
② 柯长青,金鑫,沈校熠,李萌萌:《南北极海冰变化及其影响因素的对比分析》,载《极地研究》,2020,32(01):1—12页。
③ 张璐,张占海,李群,等:《近30年北极海冰异常变化趋势》,载《极地研究》,2009,21(4):344—352页。
④ 方之芳,张丽,程彦杰:《北极海冰的气候变化与20世纪90年代的突变》,载《干旱气象》,2005,23(3):1—10页。
⑤ 秦丹丹,王志强,王志强,等:《气候变化2013:自然科学基础》,英国,剑桥大学出版社,2014。
⑥ 王志强等:《中国北极海冰变化特征及趋势分析》,载《地球物理学报》,2017,59(6):768—774页。

均海冰厚度的减小，从1958—1976年的3.1米下降到1993—1997年的1.8米。2003—2007年北冰洋各海域的海冰厚度相比1958—1976年减少了约一半以上。

海冰厚度减小的同时，海冰范围也快速缩小。卫星观测显示，1979年以来，北极海冰呈快速减少趋势，整个北极地区海冰的总面积从1979—1996年的每10年减少2.2%，变为1998—2007年的每10年减少10.7%。2012年9月16日，海冰覆盖范围又出现了有历史记录以来的最低值，其只有历史平均值的45%。

海冰融化导致北极大范围的密集冰区发生破碎，形成由大大小小冰块组成的冰区，与传统的海冰边缘区性质一致。如果将这些密集度大幅降低的冰区都认为是海冰边缘区，那么海冰边缘区的宽度可以达到103公里的量级。而海冰边缘区的海冰更易融化。在1980年前后，北极海冰中的多年冰占总海冰量的75%以上，而到2011年只有45%。此外，北极的多年冰都集中在加拿大北部陆坡附近近百千米的范围内，每年多年冰的流失会在春季随着波弗特流涡向西部输送，最远可以到达东西伯利亚海。多年冰越来越少预示着北冰洋夏季的海冰会越来越少，北冰洋夏季无冰或为期不远。[1]

当北极海冰消失，将因失去海冰对太阳能辐射反射

---

[1] 秦大河：《冰冻圈科学概论》，北京，科学出版社，2018：189页。

能力而增加平均0.7瓦特/平方米的太阳能加热（1979年至2016年间，已经增加了0.21瓦特/平方米），相当于在大气中增加一万亿吨的二氧化碳，将使比工业革命前上升2℃的全球变暖阈值提前25年到来。[1]

伴随北极气候的变暖，一个重要的特征就是海冰密集度的降低和密集冰区的缩小。海冰融化导致北极大范围的密集冰区发生破碎，形成由大大小小冰块组成的冰区，与传统的海冰边缘区性质一致。如果将这些密集度大幅降低的冰区都认为是海冰边缘区，则海冰边缘区的宽度可以达到数千千米的量级。北极海冰快速消融的另一个重要表现是多年冰的减少。在1980年左右，北极海冰中的多年冰占总海冰量的75%以上，而在2011年，只有45%的海冰为多年冰[2]。

近几十年来发生在北极地区大气、海洋、陆地领域中的各种重要的环境变化，对北极环境的各个方面产生影响，并正在影响生态系统、生物资源并反馈到人类社会，进而影响区域性的乃至北半球的经济活动。北极海冰的不断消退，使海冰之间的水域逐渐扩大，给北极熊、海豹、海象等北极动物的栖息地带来很大的威胁；在北极圈内永冻土开始消融，导致一些建筑物、道路和管道的基础开始

---

[1] 单卫东：《一份关于北极地区冰川情况的报告》，载《中国自然资源报》，2019-12-07（005）。
[2] 秦大河：《气候变化科学概论》，北京，科学出版社，2018，46页。

松动，对当地的野生动物和居民都有不同程度的影响。

北极地区战略地位特殊、资源潜力大，北冰洋海底蕴藏着巨大的油气和矿产资源，那里还有巨大的鱼群以及具有战略意义的重要航运通道。按目前北极海冰的缩减速度，北冰洋的"西北航道"和"东北航道"有望在2030年完全开通，北冰洋航道将成为北美洲、北欧地区和东北亚国家之间最快捷的黄金通道。在全球气候变暖环境下，北极气候系统各圈层的急剧变化及2007年8月俄罗斯在北极海底的插旗行动，进一步加速了美国、俄罗斯等环北极国家对北极的争夺。这场争夺战有巨大的政治、经济和军事利益，得到了世界各国的共同关心。[①]

气候变化如何影响"冰上丝绸之路"

极地系统是全球气候系统的重要组成部分，占据了全球20%的海洋面积和主要的冰冻圈区，全球90%的多年冻土、69%的冰盖（川）面积、绝大部分海冰和积雪均分布在极地或环极地地区。北极地区还居住着约400万永久居民，其中原住民占10%。极地系统变化不仅影响水圈和

---

① 北极问题研究编写组：《北极问题研究》，北京，海洋出版社，2011，146—147页。

生物圈，而且影响当地社会经济和居民生活环境，具有半球乃至全球效应。[1]

北极气候变化对水圈产生影响。近几十年来北冰洋和南大洋持续增暖，夏季北极气温高于海温，更多海冰消融变成开阔水面，可以使海水吸收和储存更多的太阳辐射，冬季海水对近地面的加热作用随之增强，导致近地面升温。更暖的气温使得海冰进一步减少，从而形成了海冰—反照率正反馈。[2] 淡水输入的增加使得上层海洋层化增强，海洋吸收了人类排放二氧化碳的25%，导致表层海水酸化，对海洋生态系统产生影响。另外，卫星观测到北冰洋地转流增强，可能对大西洋经向翻转环流产生潜在影响。由于入海径流的增强，北冰洋表面混合层将会淡化，到21世纪末海洋持续的碳吸收也会进一步加剧北冰洋的酸化。在变暖背景下，北极河/湖冰覆盖时长整体缩短、厚度减薄，春季融化时间显著提前；流域地表径流量呈现增加趋势，春汛时间逐渐提前。预估未来河/湖冰开冰期将继续提前，封冰期推迟，平均最大冰厚度不断减少。

极地海洋变化对生物圈产生重要影响。就北冰洋而言，近几十年间，海冰冻融时间的改变严重影响北冰洋底栖生物群落。气候变化导致的海洋物理和生物地球化学条

---

[1] 效存德，苏勃，窦挺峰，杨佼，李姝彤：《极地系统变化及其影响与适应新认识》，载《气候变化研究进展》，2020，16（02）：153—162页。

[2] Bushuk M, Msadek R, Winton M, 等：《青藏高原夏季冰量变化特征分析》，载《气候变化研究》，2017，30（2）：341—362页。

件的改变，例如海水温度升高和被捕食者的数量及分布的改变，正在并将持续影响北冰洋鱼类的分布和生产力，并造成北极海洋哺乳动物和海鸟种群物候、行为、生理以及空间分布上的改变。随着未来气候变化持续影响北冰洋鱼类和贝类的分布及产量，加上秋冬航海状况较难预测，未来北极商业性水产业的发展存在不确定性。[①]

建设冰上丝绸之路过程中如何科学地开发利用北极海洋生物资源？最近几年，北极科学研究受到学者、政府和民众越来越多的关注，以至于有人将它比喻成1个多世纪以前美国加利福尼亚的"金矿"。来自世界各地的科学家来到北极"淘金"，已经和候鸟归来一样，成为土著居民判断春天到来的重要标志。

随着北极海冰减少，无冰水域的海洋净初级生产力和北极地区船舶运输（包括旅游业）均出现增加态势，并将在未来几十年持续增长。发达的北极航运与旅游业一方面有利于促进相关地区社会经济的发展，另一方面可能加剧北极的生态环境危机，而且将对那些依赖传统航道开展贸易的经济体（国家）造成显著的政治、经济和社会影响。

多年冻土解冻、地下冰流失，加上冰川退缩导致的地表塌陷、热融湖广泛发育，深刻影响着地表生态系统和社会基础设施。多年冻土退化和积雪、河/湖冰退缩还将改变

---

① 联合国政府间气候变化专门委员会:《气候变化中的海洋与冰冻圈特别报告》，2018年［2019-09-20］。

极地水文系统，以及野火发生的强度和频率，进而对动植物生长及生态系统服务产生影响。[①]

推进"北方海上丝绸之路"既是对中国"一带一路"倡议的呼应，也是为中国北极国际治理推及方向开出药方。北极地区的气候变化会对北极地区的环境等要素产生必要影响，进而影响"冰上丝绸之路"的开发建设。面对如此情况，各方更应知难而进。

[①] 联合国政府间气候变化专门委员会:《全球升温1.5℃专题报道》，英国，剑桥大学出版社，2018。

第五章

"冰上丝绸之路"的航道建设

北极航道与"冰上丝绸之路"两者不仅在空间上和本质上都具有明显的共性特征,还存在可交汇融合之处。北极航道使"冰上丝绸之路"的政治敏锐性趋于温和、影响范围更大,"冰上丝绸之路"使北极航道建设区域延伸至内陆。一旦北极航道正式开通,"冰上丝绸之路"将在政治、经济、交通、贸易、文化等方面对中国、沿线腹地乃至世界产生多种影响,对推进欧亚经济发展和促进世界互联互通发挥巨大作用。[1]本章将从北极地区三条航道核心路线入手,分析"冰上丝绸之路"航道建设的现状与开发前景,并阐述中国对"冰上丝绸之路"航道的科学探索。

---

[1] 李振福:《"冰上丝绸之路"与北极航线开发》,载《学术前沿》,2018,(06):60—69页。

"冰上丝绸之路"航道建设的现状

"冰上丝绸之路"是为了实现北极航线的开发及沿线港口与腹地的发展，通过北极航线区域国家和地区之间开展的国际合作，共同建设连接欧洲与北美地区的蓝色经济带状通道。核心路线是穿越北极圈，连接北美、东亚和西欧三大经济中心的海运航道。"冰上丝绸之路"建设主要以北极航道为依托。

北极航道主要分为西北航道、东北航道和中央航道。其中，中国东北地区与俄罗斯共同建设的"冰上丝绸之路"属于东北航道，这条航道主要在俄罗斯北部的北冰洋大陆架上。它起于北欧，经过巴伦支海、东西伯利亚海延续到白令海峡，是当前连接西欧与东北亚最短的海上航线。

目前，"冰上丝绸之路"东北航道的通航期为2—3个月，途径冰岛、瑞典、俄罗斯、芬兰等国家。西北航道从白令海峡开始，途经阿拉斯加北部海域，经过北极群岛海域，到达戴维斯海峡，是当前连接北美与东北亚最短的海上航道。然而，西北航道的通航期较短，只能在夏季通航。中央航道开始于白令海峡，穿越北冰洋，达到格陵兰海。[1]

---

[1] 刘新霞：《丝绸之路经济带与冰上丝绸之路比较研究》，载《合作经济与科技》，2018（19）：84—85页。

中央航道，也就是跨极航道，这条航道是一条理论上的航道，通航可行性极低，航段主要位于北冰洋中心海域。跨极航线虽然长度最短，但是由于要穿越北极点附近气候极为恶劣的地区，目前基本没有通航的可能性。因此，本章只对东北航道和西北航道进行探讨。

东北航道建设的现状

北极航道的三条航道环绕北冰洋，沿岸是北美洲、亚洲、欧洲北部的众多国家，并延伸到日本、韩国、中国，将成为东北亚通往欧洲与北美洲的新通道。目前，通航环境最好、运输价值最高的是东北航道。东北航道的主要港口有彼得巴甫洛夫斯克—堪察加港、都津卡港、伊噶尔卡港等。彼得巴甫洛夫斯克—堪察加港所处位置极为重要，是连接亚洲—太平洋地区—北欧的重要交通枢纽，也是全年适航的不冻港，可以仓储保管和分类集装箱货物。都津卡港是俄罗斯最北、西伯利亚地区最大的国际海港，也是河港，位于克拉斯诺亚尔斯克边疆区叶尼塞河右岸。

近年来，随着气候的逐渐变暖，北冰洋夏季海冰覆盖范围逐年减少。尽管每年无冰通航期天数呈现波动状态，但东北航道的适航性和适航期优势逐渐显现，开始具备通航条件。通常每年8月，巴伦支海、喀拉海均已解冻，而拉普捷夫海、东西伯利亚海和楚科奇海的冰封期也越来越短，冰层越来越薄。例如，2009年7月，在没有俄罗斯破冰船开道的情况下，德国布鲁格航运公司两艘非破冰型货船从韩国蔚山港装货出发，穿越东北航道抵达荷兰鹿特丹港。2010年8月，一艘俄罗斯大型油轮在两艘核动力破冰船引航下，从摩尔曼斯克出发，穿越东北航道2500海里适航性最差的海域，成功抵达中国的宁波港。目前，东北航道适航期基本在7月中旬至12月上旬区间浮动。有专家预测，到2020年，东北海航道适航期可能延长至6个月，而到2030年将有希望全年通航。

东北航道中的大部分区段可以说是最为重要的区段，在俄罗斯的管辖范围内，被称为北方海航道，地处俄罗斯沿北冰洋的北部海岸（巴伦支、喀拉、拉普捷夫、东西伯利亚、楚科奇和白令海），喀拉海峡到普罗维杰尼耶湾的长度为560公里，它将俄罗斯的欧洲和远东港口以及通航的西伯利亚河口连成统一的运输系统。北方海航道与东北航道的主要区别在于东北航道包括巴伦支海，并且可以进入俄罗斯最大的北极港口摩尔曼斯克港。[①]

相较于传统的马六甲—苏伊士航道，以北方海航道为主航段的"冰上丝绸之路"，不仅在航程、时间和成本上有明显优势，航行安全优势也比较突出。以从上海港到阿姆斯特丹港为例，经"冰上丝绸之路"比经马六甲—苏伊士航道航程缩短近2/5。"冰上丝绸之路"沿岸国数量较

---

① 高天明：《中俄北极"冰上丝绸之路"合作报告》，北京，时事出版社，2018，53页。

少，航行的行政审批程序相对简单，可显著降低时间和航行成本。航道大部分航段距离俄罗斯北部陆地比较近，具备一定的航行保障设施和机制。此外，高纬度航道还可以规避极端气象状况对航行安全带来的风险和成本。从安全角度讲，"冰上丝绸之路"能够从某种程度上减轻美国在印度洋和太平洋军事部署所带来的封控压力，规避日益猖獗的海盗袭扰。

此外，穿越加拿大北部的西北航道分为南北两路，航道相对狭窄，冰川暗礁众多、适航性较差是他们的共同特点。西北航道每年的适航期波动较大，北路以2010—2012年的可通航性最佳，全线开通时间达50多天，其余年份较少。南路在2003年、2004年和2005年没有通航，2014年只有16天可通航，其余年份的可通航天数少则30—40天，多则60—70天。西北航道有近1/3的航程与陆地距离较远，航行补给、救援和保障能力比较低，因此"冰上丝绸之路"东北航道的优势明显。

自2009年夏季，德国两条商船首次成功试航东北航道后，国际过境船只数量和货运量已经有了明显增加。据俄罗斯北方海航道管理局相关统计，2009—2013年间，过境北方海航道的航次数从2个增加到了71个，货运量从象征性的5000吨增加到1360,000吨。2014年，受西方经济制裁和燃油价格急剧下跌影响，过境航次数有所下降（41航次）。从运送货物类型来看，运输的大部分是液化天然气、成品油和铁矿石，少量的是海产品。同年以中国为目的港和出发港的航次达到了10个航次，接近25%。非俄罗斯籍的船只也呈增长趋势，特别值得一提的是，一些散货轮经常出现在各年度过境北方海航道的名单中，如"北欧巴伦兹"号等，表明北欧的一些散货运输企业已建立了专营东北航道的船队和业务。[1]可以看出，东北航道的航运已经进入到小规模的商业利用阶段。[2]

北方海航道的复兴能够解决俄罗斯北极地区的国家战略任务，实现北极油气项目发展、运营，以及能源出口多元化。北极油气项目不仅是俄罗斯北部边缘地区经济发展的保障，而且是整个俄罗斯经济的发展动力。因此，北方海航道即将成为运输俄罗斯在北极开采的油气资源的主要路径。同时，北极航道对俄罗斯国内的意义也很显著，北极交通系统是俄罗斯北极地区的"瓶颈"，解决北方海航道的基础设施建设也是俄罗斯经济发展的保障。

西北航道建设的现状

西北航道全长2600—3200海里，主航段位于由36,000余个岛屿组成的加拿大北极群岛水域，这些水域由众多大

---

[1] "噪音感应强的地方"资讯办公室："2011年通过NSR的船舶"，2015-11-25，见 http://www.arctic-lio.com/docs/nsr/transiits/Transits_2011
[2] 张侠，杨惠根，王洛：《我国北极航道开拓的战略选择初探》，载《极地研究》，2016，28（02）：267—276页。

小不一的海峡、海湾、浅滩组成。相较于东北航道，西北航道地形更为复杂，冰情更为严重，航行窗口期更短，大部分航路测绘不充分，常常被视为畏途。[①] 2008年，"MV Camilla Desgagnés"号商船从加拿大蒙特利尔启程，首次实现了西北航道的商船通行，标志着西北航道航运时代的来临。2014年，"努那维克"号散货船从迪塞普申湾出发，独立穿行了整个西北航道，到达中国营口市，这次通航成功说明了中国与北美间的贸易往来存在更加经济性的通道。

随着全球气候变暖，西北航道海冰覆盖面积也呈现出下降趋势。加拿大冰务局的多年海冰数据显示：最近30年西北航道南线在适航期内，平均海冰覆盖率已从30%降至10%；在西北航道冰情最优的9月上旬，2006年以来仅有3个年份的海冰覆盖率高于5%，2011年甚至出现无冰的情况。[②] 西北航道海冰的持续消融进一步凸显出作为海上贸易通道的潜力。尽管目前西北航道尚未形成大规模的商业利用，但是已经有很多次试验性的货运航行。2013年，丹麦籍"北欧猎户座"号散货轮完成首个过境商业航行，装载73000吨煤从加拿大温哥华穿越西北航道抵达芬兰波里港，这表明西北航道在夏季特定的时间窗口期内已具备

---

① 邓贝西：《中国首航北极西北航道的规则实践及其开发利用前景》，载《太平洋学报》，2018，26（07）：14—24页。

② 数据来源：作者提取加拿大冰务局网站相关数据而得出，见http://ice-glaces.ec.gc.ac/，访问时间：2018年1月。

全程通航的条件。

西北航道之所以没有吸引大规模的国际过境通行,存在着多方面因素。第一,西北航道的航行条件不占优势。北冰洋洋流运动导致加拿大北极群岛北侧的多年冰,通过岛间水道向南移动到西北航道,使冰情呈现一定的起伏变化。此外,冰情较轻的西北航道南线航路岛礁密布、浅滩多,浅滩间航道最窄处仅2海里,且吃水深度超过10米的船舶无法通行,这也限制了适合西北航道通航的船舶类型。

第二,与经巴拿马运河连接东北亚和北美东岸的传统航道相比,西北航道的航程仅缩短20%。以上海至纽约为例,经巴拿马运河的传统航道航程约10,500海里,而经西北航道的航程约8,600海里,航程缩短近2,000海里,可节省约7天的航时。然而,西北航道适航窗口期仅有夏季3个月份,航路地形和海冰条件复杂,航程缩短的时间优势易被航速降低所抵消。而且如果加上领航、破冰等额外费用,能否达到预期的经济效益也是未知的。另外,巴拿马运河已经在2016年完成扩建工程,运河拓宽可供大型油轮、矿砂船舶和重型集装箱轮通过,通航效率显著提升,这也将进一步弱化西北航道时效和经济优势。

第三,西北航道沿线缺少促进航道发展的资源类项目。根据美国地质调查局2008年发布的《环北极资源评估报告》显示,加拿大油气资源主要集中在加拿大北极群岛以西的波弗特海海域，储量仅占北极油气总量的5%。同时加拿大北极油气开发政策呈现出保护性倾向，特别是在2016年12月与美国达成联合声明，开始采取对北冰洋近海油气开发的管制行动，并"无限期地限制颁发在加拿大水域进行油气活动的许可"。这预示着在未来相当长的一段时期内，加拿大缺少开发北极油气资源的意愿，西北航道的油气运输需求也基本不存在。现阶段国际矿石价格仍然在低位徘徊，加上环境风险、劳动力缺乏、港口基础设施薄弱、生产成本高，以及有限的运输窗口期等因素影响，加拿大北极地区矿石资源开发的整体规模受限，使得西北航道缺乏有利的资源"溢价"。

其四，与俄罗斯将东北航道打造为"具有竞争性、国际性和满足从原材料到集装箱运输的多种运输需求的海上交通走廊"的政治意愿相比[1]，加拿大现阶段对于西北航道的核心政策目标是让国际社会承认和尊重加拿大对西北航道的主权和管辖权，而非期望西北航道能够在短期内创造额外的经济价值。尽管称得上地理意义上的北极大国，加拿大在北极事务中的地位和影响力较美国和俄罗斯而言却相对有限。因此，加拿大对西北航道向国际社会开放抱有顾虑。

此外，2017年8月，加拿大将西北航道东段面积达

---

[1] 参见 http://en.Kremlin.Ru/e-vents/president/news/54149.

10.9万平方公里的兰开斯特海峡海域设为海洋保护区，这就意味着在该海域从事资源开发、航运、渔业等经济活动将受到限制，或需符合更为严苛的环境标准。加拿大对于开放西北航道的举棋不定还出于自身保障能力的欠缺，不仅仅是因为航道沿线的港口、导航、通信等基础设施薄弱，其应对突发事件的反应能力和搜救保障能力同样有待提高。

北方海航道对接"一带一路"

2017年7月4日，习近平主席出访俄罗斯，在与俄罗斯总理梅德韦杰夫总理会见时指出，要开展北极航道合作，共同打造"冰上丝绸之路"。同年11月2日，梅德韦杰夫访华，习近平主席在会晤时再次强调，"要做好'一带一路'建设同欧亚经济联盟对接，努力推动滨海国际运输走廊等项目落地，共同开展北极航道开发和利用合作，打造'冰上丝绸之路'"。2017年12月8日，中俄共建的亚马尔液化天然气项目开始投产，成为中俄共建"冰上丝绸之路"的首个建设成果。

目前，北方海航道和"一带一路"的相互对接已从以下几个方面入手：双边政府间的支持；知识导向和科技交流；市场导向和两国企业之间的合作。[①]

[①] 古尔巴诺娃·娜塔丽娅：《21世纪冰上丝绸之路：中俄北极航道战略对接研究》，载《东北亚经济研究》，2017，1（04）：83—99页。

政府之间的认同和支持 尽管中俄多年合作以"三好"关系被形容，但是在北极地区方面，俄罗斯对中国的行动，并不是一直很热情。北极地区是俄罗斯政策敏感的领域，涉及国家安全和经济利益以及战略价值相当高，因此俄罗斯在2013年前对中国参与北极事务的态度怀有顾虑。然而中国的"一带一路"倡议以及中国对全球发展的责任心，使得俄罗斯原先对中国在北极开展活动的戒心不断地消除，并开始积极期待与中国合作，中国的"一带一路"倡议使中俄战略性合作关系发生蜕变。

俄罗斯对"一带一路"倡议持全面认可的态度，俄罗斯总统普京在公开场合向世界表示，完全拥护中国这个有利全球的、一个立体化的、非常丰满的经济政策。普京说："我希望'一带一路'发展到全球经济一体化。因为这会有利于参与其中的任何国家"。俄罗斯总统出席在北京举行的"一带一路"国际合作高峰论坛时再次表示，俄罗斯欢迎中国参与北方海航道建设，"俄罗斯正在投入大量资金改善北方海航道，使其成为具有全球竞争力的运输动脉。'一带一路'和北方海航道的相互对接可以完全重构欧亚大陆的运输格局，推动中俄在北极地区的战略合作伙伴关系"。

知识导向和科技交流 北方海航道的航行安全保障和对北冰洋的认知是航道安全、绿色和可持续发展的主要条件。近年来，中国在国际北极科学委员会、北极理事会等多边的框架下积极与俄罗斯开展北极科研合作，不断加强对北极地区认知的科学交流，中国研究俄罗斯北极地区有利于未来"一带一路"的建设和商业开发铺设道路。另外，为了执行中俄关于在北冰洋海域开展合作研究的双边协议，中俄在协议框架下于2016年8月开展了首次北极联合科考，中俄科学家的团队对俄罗斯专属经济区范围内的楚科奇海和东西伯利亚海进行综合调查，成为历史上的突破性成果。

同时，俄罗斯对中俄在北极地区的科学考察也持积极态度。俄罗斯北极地区的东部相对于西部来说，海航条件和冰情复杂，是受到人类活动影响和科学研究力度最小的地区，因此对俄罗斯北极东部海域的研究和地质勘查也较落后。与中国联合开展研究北方海航道的共建事业、通航安全、环境保护均有巨大的意义，中国智慧和现代科技可以为俄罗斯偏僻的北极东部的开发提供新的机遇。

市场导向和企业之间的合作　经济利益最大化是企业的运营公式。目前北极地区最有经济利益的项目是油气项目，尤其表现在能源领域，俄罗斯传统的油气出口方向是西方国家。常年以来，俄罗斯大部分油气用管道方式输送到欧洲及美国市场。为了摆脱对欧洲的市场依赖性，俄罗斯北极地区的液化天然气为俄罗斯提供了新的出口方向，俄罗斯油气企业开始把能源战略目标移向亚太地区，因此北方海航道将成为俄罗斯液化天然气的出口之路，北方海航道的使用前景将更加明确。

北方海航道的建设为国际合作提供了良好的对话基础，中国作为发展中国家对能源的需求不断提升，同时作为"巴黎协定"参与国，抑制煤炭使用、支持绿色能源开发和新能源开发，不仅是全球气候治理的任务要求，俄罗斯液化天然气作为环保清洁能源也符合中国的绿色发展要求。另外，拥有俄罗斯液化天然气的股份为中国能源需求提供稳定、安全、高效的供货保障，而拥有北方海航道基础设施项目的股份，则可以为中国将来使用北方海航道提供便利。

当前，"一带一路"倡议最明显的收获在液化天然气方面，俄罗斯北极地区的"亚马尔液化天然气项目"被誉为"镶嵌在北极圈的一颗能源明珠"。[1]

"冰上丝绸之路"航道建设的前景

整体而言，北极三条航道中，北方海航道和整个东北航道在开展北极经济活动中的发展潜力最大，西北航道则需进一步开发和建设。

---

[1] 参见 http://www.rcgus.com/xunwuuu/1348649.html.

第五章 "冰上丝绸之路"的航道建设

东北航道的发展前景

东北航道区域内自然资源极为丰富，可开采的石油、天然气和凝析油资源储量约为2450亿吨（包括海底地下储量940亿吨），地下自然资源估值约为18万亿美元。碳氢化合物资源主要分布在俄罗斯北极地区的欧洲部分和西西伯利亚北部，占俄北极地区总储量的85%。石油、天然气和凝析气主要分布在巴伦支海和喀拉海地区，其中巴伦支海石油天然气集中在斯托克曼——鲁宁地区和南巴伦支地区，而喀拉海的石油天然气集中分布在西西伯利亚地区，其北亚马尔油气田储量占喀拉海地区总储量的90%，未来的发展前景十分广阔。

东北航道可以实现两种运输，包括北极域外港口间货物过境运输，以及起点或终点在北极地区内的专门营运活动，如捕鱼、海上旅游、科学考察和资源开采等活动，而其中只有资源开发产业能保障在最短时间组织营运，将资源从北极地区运到欧洲西部或亚洲东部。

北极地区的能源储备和矿产资源丰富，再加之俄罗斯破冰船的护航，使得运输石油、天然气和矿物（如磷酸盐、镍、铜等）资源成为北方海航道上最具经济效益的海上商业活动。[①] 然而，北方海航道沿线较低的人口密度使其

---

① Farre，A.B 等：《通过东北航道的北极商业航运：航线、资源、技术和基础设施》，载《极地地理》，2014，37（4）：298—324页。

商业价值有所降低，地理位置偏远、缺少宽带通信以及各种技术困难也增加了在北极条件下利用这一航道的风险。此外，浅水区限制了船舶的吨位，冰情变化则导致船舶抵达时间无法预测。

随着亚洲新兴市场的出现和中国参与的原有市场的发展，北极自然资源的开采将有所增加，这将促进北方海航道的航运活动。中国的"一带一路"倡议，除了要建设陆上的大走廊外，还包括倡导"共享蓝色空间以及发展蓝色经济"，以便建设海上蓝色经济通道，促进海洋知识、技术、文化及人才自由流动，其中打通经北冰洋连接亚洲与欧洲的东北航道则是"北冰洋蓝色经济通道"建设的优先目标[1]。

中国作为近北极国家，在2013年成为了北极理事会的"永久观察员国"。然而，中国在参与北极事务的过程中仍然面临北极理事会和北极国家的限制，在北极治理中的作用无法充分体现。中国在北极事务中的角色还只限制在环境保护、科学考察、地区和平发展持续建设等领域，因此，中国在北极地区的国家利益目前多为共享性利益，需要借助国际平台，尤其需要跟北极国家进行合作。

中国"一带一路"的目的是改变欧亚大陆的经济地理，实现国际运输通道的大链接、大流动。在这一倡议

---

[1] 参见 http://cpc.people.com.cn/n1/2017/0620/c64387-29351311.htm.

下，参与北方海航道的建设除了能够实现国家经济利益之外，还有利于提高中国在北极事务中的地位，扩展其参与的活动范围，延伸至能源、经贸、运输、外交领域等。[1]中国参与北方海航道的建设不仅能与俄罗斯和欧洲国家深化经贸合作，还利于保障国家能源安全，提高中国在世界上的地缘地位。北方海航道的开发，从宏观角度来看，符合中国参与和主导经济全球化、贸易全球化以及投资全球化的21世纪世界发展趋势；从微观角度看，北方海航道对中国具有安全优势、效率优势（运输成本更低、贸易效率更高）以及环保优势。

为实现国家利益、改进经济创新模式，21世纪的北极地区是俄罗斯国家战略中的发展核心区域，尤其是北极地区的油气资源对国家能源领域的巩固、国民经济的发展、高科技进步和科技创新的推进，以及俄罗斯北部边远地区经济发展均有战略价值和经济价值。据俄罗斯科学家的评估，俄罗斯北极油气资源的经济价值预计达118万亿美元[2]，因此北方海航道的复兴是俄罗斯能源出口多元化，以及其整个北极区域的经济发展的动力。在目前复杂的地缘政治局面下，俄罗斯的能源出口和北方海航道建设还遭受来自欧美国家的压力和全面的限制，在西方制裁的影响

---

[1] 胡鞍钢，张新，张巍：《开发"一带一路一道（北极航道）"建设的战略内涵与构想》，载《清华大学学报（哲学社会科学版）》，2017（3）：15—22页。

[2] Selin V. S., Tsukerman V. A：《确保北极架油气资源田竞争力的经济条件和创新可能性》，俄罗斯科学院科拉科学中心，2008年。

下，项目融资和技术瓶颈成为其航道复兴最大的挑战。俄罗斯无法单枪匹马地开发北极能源和航道，因而开始对中国的资金、人才和技术供应等方面更加看重，这也为中俄战略合作提供了新的机遇。

西北航道的发展前景

开通西北航道能够改善中国海上能源运输路径单一、过于依赖印度洋，即马六甲海峡—南海航线的现状，可显著缩短运输航线，具有巨大的经济价值[①]。博格森（Borgerson）指出，西北航道使从西雅图到鹿特丹的航程比经巴拿马运河航线缩短了2000海里，可节省25%航程[②]因此开通西北航道对世界航运业具有重大意义。然而，由于受到自然条件及船舶发展技术等限制，目前只有少量船舶能够在西北航道上完成航行。

尽管当前对西北航道的开发利用仍处于商业试航阶段，但在海冰加速消融的总体趋势下，西北航道作为连接东亚与北美东岸的最短航路的商业价值，以及航道沿线资源开发的经济潜力有望进一步释放。未来，中国可以借助常态化的北冰洋科学考察航次，联合加拿大渔业和海洋部

---

① 杨理智，张韧，葛珊珊，等："基于气候变化背景下西北航道自然环境风险评估"，中国气象学会，《第30届中国气象学会年会论文集》，南京，中国气象学会年会，2013：696—702页。

② 博格森 S, G：《北极融化：全球变暖对经济和安全的影响》，外交，2008，87（502）：15—19页。

及其下属的加拿大水文局开展西北航道环境调查，系统观测航道水文、海冰、大气特征和变化，开展西北航道海图绘制，并充实中国北冰洋科学考察的数据来源和知识储备。两国还可以在属于公海的北冰洋中心区开展联合科学考察，评估北冰洋中心区的多年冰经加拿大北极群岛的岛间水道向西北航道移动的规律和趋势，并研判西北航道的适航前景。

在商业利用方面，西北航道常态化的过境通行业务尚未建立，沿线基础设施和应急保障相对欠缺，发展政策也较为消极，这导致西北航道的货运需求有限。未来西北航道能否由试航转为有效利用，取决于能否更多地释放航道沿线资源开发和经济发展的潜力，即是否能通过航道沿线的开发活动带动航道利用。

中国企业早在2010年就对西北航道沿线的矿业项目进行投资，由吉林吉恩镍业有限公司完成对加拿大皇家矿业公司的收购，这个项目重启了对努纳武特地区第二大镍矿的勘探与开采。首个经由西北航道从北美抵达东北亚的货运航次即是运送该矿区出产的镍矿石抵达中国市场。

2017年7月，中国与俄罗斯提出共建"冰上丝绸之路"倡议，中远海运特运常态化运营北极东北航道、中石油和丝路基金参股的亚马尔液化天然气项目、保利集团投资的阿尔汉格尔斯克深水港建设等代表性项目，已在俄罗斯北极地区落地或投入生产，中国所展现出参与北极开发的意愿，以及在资源开发和基础设施建设领域的资本储备和技术水平，对于包括加拿大在内的其他北极国家都是一种激励。加拿大政府，特别是加拿大北极地区的努纳武特和西北行政区的地方自治政府，希望在确保生态环境安全的前提下，通过加快基础设施建设、推动矿产资源开发和经贸合作，来促进原住民社区的社会经济发展。[①]同时国际市场对能源和矿产资源的持续需求也将为加拿大北极开发注入动力。这种需求的契合或将为中加两国在西北航道沿线的矿产和油气资源开发、基础设施建设等领域打开合作，通过赋予西北航道资源"溢价"带动航道的有效利用。

中俄合作建设"北方海航道"面临的风险

为使北方海航道成为真正意义上的"一带一路"的重要补充，即"冰上丝绸之路"，中国需要与俄罗斯紧密合作，然而这种合作虽前景广阔，同时也伴随着很大的风险。

北极地区的自然环境非常脆弱，通航条件恶劣。国际海事组织（国际上简称"IMO"）船舶设计与构造分委会（国际上简称"SDC"）对船舶设计和建造制定了极地水域船舶航行安全规则，这一于2017年1月1日生效的《极地规则》围绕极地海域的生态环境安全和船舶航行安全

[①] 潘敏、夏文佳：《近年来的加拿大北极政策——兼论中国在努那武特地区合作的可能性》，载《国际观察》，2011，（4）：28页。

两个重点，对穿越极地海域的船只设定了严格的标准，对船舶结构设计、机械设施、救生设备、通信设备、防火安全、航行安全、船员培训提出了要求，成为具有强制性的极地航行国际条约。另外，为了避免和减少极地区域被污染的可能性，《极地规则》对船舶使用的燃料类、生活污水、垃圾、化学品的排放设置了限制。2018年1月前，符合《极地规则》要求的船只，需要申请一个极地证书，在进行相关评估后，获取一个极地水域操作手册。

尽管北极海域的船舶必须符合国际海事组织的要求，但由于北冰洋沿岸对航行技术的要求有所不同，对船舶分类的方式也不同，导致在区分船舶的冰级类别等标准上在短时间内无法达成一致。其次，在实施《极地规则》的过程中，港口国需要把《极地规则》植入到国内法律，修改原有的立法，此过程需要各部门之间的协商，因而国内法律可能无法及时回应国际强制性条约而导致不必要的麻烦。另外，《极地规则》对沿海国、港口国以及船旗国之间海航监督、海域使用、船舶生产等方面带来新的挑战。作为船旗国但并不是北极国家的中国，在北方海航道开发和使用方面将面临严重的制约。而俄罗斯虽然是北极国家，且在北冰洋活动时间长，对复杂冰情的海域海航经验丰富，但是俄罗斯北方海航道所使用的破冰船以及运输船年限过长，基本上不符合新型的环保要求，此外船舰更新、技术更新以及国内法律修正也是对俄罗斯的挑战。

中国对"冰上丝绸之路"航道的有益探索

中国对北极地区的探索虽然刚刚起步,不过从建国开始中国就一直有涉及北极地区的探索活动。1958年,李捕成为国内首个到达北极点非科研人员,他曾乘坐"伊尔"飞机,从空中飞越北极点,对北极点进行首次访问。不过直到1991年,中国的国旗才随着中科院研究员高登义的科考之行首次在北极地区展开。20世纪90年代中期以后,中国参与北极国际事务的力度逐渐加大。到目前为止,中国在北极地区的活动以科学考察为主,同时还参与了少量关于北极治理的国际行动。

作为先行者的"永盛轮"

所属中远集团的"永盛轮"是一艘载重量为19461吨,长155.95米,宽23.70米,设计船速14节的多用途船。"永盛轮"第61航次于2013年8月9日在大连装载,8月15日从太仓港加载后出发,过日本海,进入北极东北航道,途径白令海峡、楚科奇海、德朗海峡、东西伯利亚海、新西伯利亚群岛北部、拉普捷夫海、北地群岛南维科基茨基海峡、喀拉海、新地岛北端、巴伦支海,驶往欧洲第一装卸港鹿特丹。此次航行全程7931海里,海上航行时间623.8小时(25天23小时48分钟),于9月10日顺

第五章 "冰上丝绸之路"的航道建设

2013年8月,"永盛轮"首航北极东北航道

利抵达鹿特丹,实现了中国商船首次穿越北极东北航道的伟大创举[①]。与约10607海里(经新加坡海峡、印度洋、苏伊士运河、地中海、直布罗陀海峡)的常规航线相比较,"永盛轮"本次航程减少了约2807海里。

2015年,中远"永盛轮"再次承担"再航北极、双向通行"重任,于7月8日在大连港启航,经过55天、近2万海里的航行后,两次穿越北极东北航道,成功往返欧洲和中国,于10月3日回到祖国的怀抱,抵靠天津港,比计划提前半个月圆满完成这一历史性任务,开创了中国商

---

① 赵庆爱:《永盛轮随船日记(上)》,载《中国远洋航务》,2013,(09):36—42页。

船首次经过北极东北航道从欧洲到达中国的先河①。面对各种极端天气、风浪、浮冰、暗礁、险滩等无数危险，比一般船舶配员还少的"永盛轮"船员以艰苦奋斗、勇于担当、同舟共济的精神，勇挑重担、不惧艰险，凭借卓越的管理、过硬的船艺和严谨细致的工作作风，成功操控船舶穿越航道，最终不负重托，不辱使命，使两次破冰之旅圆满成功。

中国已经提出"提高海洋资源开发能力，发展海洋经济，保护海洋生态环境，维护国家海洋权益，建设海洋强国"的战略构想，"永盛轮"首航北极正是"海洋强国"战略的一次积极探索与实践。通过2013年、2015年永盛轮两次共长达2万多海里的北极之旅，中远开辟了中国往返欧洲的新航道，积累起丰富的极区、冰区航行经验，掌握了前沿船舶设计、建造、管理和操控技术，储备了极区航行人才，为北极航道实现常态化运营打下了坚实基础。这必将有利于拓展"一带一路"倡议内涵，对于中国制造和中国装备"走出去"，不断扩大欧洲市场份额有着十分积极的促进作用②。

---

① 李斌：《为永盛轮"再航北极，双向通行"保驾护航》，载《中国远洋报》，2015-11-20（A01）。

② 航轩：《中远永盛轮凯旋"再航北极、双向通行"圆满完成》，载《中国远洋航务》，2015（10）：18页。

中远海运"天恩"号试航

2018年8月4日,针对极地气候打造的首艘冰级轮"天恩"号从江苏连云港满载出口欧洲的货物启航,取道北极东北航道,经白令海峡、跨越北冰洋前往欧洲港口。"天恩"号是中远海运特运公司旗下3.6万吨多用途冰级船,可以自主通过0.8米厚的冰区。此行是"天恩"号首次出征"冰上丝绸之路",航行全程18520公里,历时30多天,于9月1日驶出北极圈,完成首次北极圈内航行。

"天恩"号此次北极东北航道之行,从连云港启程,经黄海中部、朝鲜海峡进入日本海,从北海道北部的宗谷海峡进入鄂霍次克海,再沿堪察加半岛东部沿海北上,穿越白令海峡进入北冰洋。在北冰洋先后经过楚科奇海、德朗海峡、东西伯利亚海、桑尼科夫海峡(或新西伯利亚群岛北部)、拉普捷夫海,经维利基茨基海峡进入喀拉海,再经新地岛北部进入巴伦支海,沿挪威沿海南下进入北海,最终抵达目的地欧洲国家港口卸货。

"雪龙"号首次穿越北极中央航道

雪龙号极地考察船简称"雪龙"号,是中国第三代极地破冰船和科学考察船,由乌克兰赫尔松船厂在1993年3月25日完成建造的一艘按中国需求改造而成的维他斯·白令级破冰船。"雪龙"号这个名字是由中国国家科学技术部教授、中国科学院学部主席团名誉主席、中国南极科学考察事业的奠基者和组织者武衡所起，其中"龙"代表中国，"雪"意味着南极的冰雪世界。"雪龙"号是中国最大的极地考察船，也是中国唯一能在极地破冰前行的船只。雪龙船耐寒，并能以1.5节航速连续冲破1.2米厚的冰层（含0.2米雪）。[①] 1994年10月，"雪龙"号首次执行南极科考和物资补给运输任务，先后31次赴南极，足迹遍布五大洋，创下了中国航海史上多项新纪录。

  2017年9月，"雪龙"号科考船在执行环北冰洋考察任务期间，选取冰情较轻的南线航路，经戴维斯海峡、巴芬湾、兰开斯特海峡、皮尔海峡、维多利亚海峡、阿蒙森湾，抵达波弗特海，完成了中国船舶对北极西北航道的首次过境航行。此次航行历时8天，航程2293海里，除了获取第一手的航道环境数据资料外，更为重要的是对加拿大涉及西北航道的政策法规，特别是过境准入制度、冰区领航员制度、航路路径规划等具体规则进行了探索和实践，为未来中国船只利用西北航道开展科学考察和商业航行积累了丰富经验。[②]

  2012年以来，中国北极科考一直依赖东北航道，并已

[①] 参见 https://baike.baidu.com/item/%E9%9B%AA%E9%BE%99%E5%8F%B7%E6%9E%81%E5%9C%B0%E8%80%83%E5%AF%9F%E8%88%B9/2868622?fr=aladdin。

[②] 邓贝西：《中国首航北极西北航道的规则实践及其开发利用前景》，载《太平洋学报》，2018，26（07）：14—24页。

开展了商业运作。相比之下，中央航道和西北航道则更具科学探索的意义。据中国第八次北极科考队领队、首席科学家徐韧介绍，以上海到纽约为例，西北航道路线比从太平洋航行缩短了20%的距离，并且只有穿越西北航道，才能到达北冰洋大西洋一侧，以开展环北冰洋考察。

北极西北航道和中央航道冰情复杂，气候多变，穿越极具难度。"雪龙"船考察队根据动态冰情，多次优化航道，全程手动操作舵盘和侔钟以保证航行方向和速度，制定各种防范措施，这才确保了中央航道和西北航道的顺利航行，最终于8月2日至16日穿越北极中央航道。这让考察队积累了北极航道复杂冰区环境下的航海技术和经验，为北极航道的开发利用进行了成功的探索。此次科考的重点项目之一是对北极生态环境和污染状况的研究，主要开展对海洋微塑料和海洋垃圾等污染物的综合调查，考察队在环北冰洋各海域共完成19个站位的海洋微塑料表层水体拖网作业，采集了32个站位的表层水体中的微塑料样品。

作为中国试航北极航道的开路先锋，"雪龙"号历史性地穿越北极中央航道、试航北极西北航道，在中国航海史上具有里程碑式的意义。科考队首次实施环北冰洋考察，并在北极地区开展多波束海底地形地貌测量，开辟了中国北极科学考察新领域。"雪龙"号历史性穿越北极中央航道，填补了中国北冰洋中心区大西洋扇区的作业空白。此外，首次成功试航北极西北航道、首次执行北极业务化观测任务，开展了北极航道环境综合调查、北极生态环境综合调查和北极污染环境综合调查，也为之后航道的适航性环境评估和开发利用，累积了宝贵的数据和经验。

  近年来北极航道的开通对全球政治、经济产生了巨大影响，也带来了全球贸易格局的重大变动，尤其对于环北极八国和处于航道延长线上的中国而言战略意义巨大。因此，了解北极航道的发展历史、发展现状和潜力是建设"冰上丝绸之路"的基础和重要抓手。中国对北极航道的探索，也为其参与治理北极、推动构建"冰上丝绸之路"和人类命运共同体，实现北极的和平稳定和可持续发展提供了坚实基础。

第六章

"冰上丝绸之路"的
文化交流与保护

"冰上丝绸之路"远离世界舞台中心，人口稀少、人迹罕至，但其文化价值、文化多样性是世界文明的"活化石"，是全体人类的宝贵财富。在"冰上丝绸之路"建设的过程中，虽然沿线国家的态度起着至关重要的作用，但当地原住民对"冰上丝绸之路"的影响则更为直接。总之，通过原住民的视角来探究当地的文化，能够全面了解和掌握当地居民的态度与诉求，有利于"冰上丝绸之路"建设过程中的文化保护，也更易使"共建共享"的理念被原住民接受。

"冰上丝绸之路"原住民及文化保护

北极原住民总人口数约为136.5万，大致可以分为北美、北欧和俄罗斯三大板块。北欧部分主要是指分布在挪威、芬兰和瑞典的萨米人、格陵兰的因纽特人。北美的原住民主要指分布在加拿大、阿拉斯加的因纽特人、阿萨巴斯卡人和哥威迅人，以及在阿拉斯加的阿留申人。俄罗斯的北极原住民数量较大，大约有100万人，主要包括埃文基人、汉特人和涅涅茨人等。[①]

历史上，北极原住民远离喧嚣，过着自给自足的生活，[②]而全球化的浪潮逐步将他们纳入世界体系之中，对当地文化带来了极大的冲击。

"冰上丝绸之路"沿线原住民的诉求

"冰上丝绸之路"沿线原住民的诉求主要包括生计诉求、环境诉求、土地诉求、传统文化诉求和参与北极治理诉求，但受到全球气候变化、经济全球化以及北极国家对北极的开发等因素冲击的影响，原住民的相关诉求难以得

[①] 张缘园：《俄罗斯北极土著小民族文化多样性及保护研究》，北京，中央民族大学，2016。

[②] 邹磊磊，付玉：《北极原住民的权益诉求——气候变化下北极原住民的应对与抗争》，载《世界民族》，2017（04）：106—113页。

到满足。

生计诉求 原住民一般以居住地的特色资源作为生活来源和生计内容,这极容易受到北极生态变化的影响。比如,作为原住民生计猎食的海豹会由于海冰融化而面临失去家园的生存危机,而海豹生活习性的改变也将改变原住民的捕猎习惯。北极地区鱼类种群的结构和分布也会发生变化,原住民的渔业生计将随之受到影响。国际社会对环境保护、动物保护的呼声日益增长,对北极原住民捕杀动物行为的批评声此起彼伏,北极原住民赖以生存的各种狩猎行为将不可避免地受到各种监督和限制。

环境诉求 "冰上丝绸之路"的建设可能会面临一系列棘手的环境问题,如干扰环北极地区海洋生物生活环境、随时可能发生的漏油危机、船舶的垃圾排放和噪音等。随着北极地区人类活动的日益频繁,其带来的环境污染引发了原住民的忧虑,他们开始希望维持家园的平静、洁净和稳定。随着对气候影响认识的不断加深,北极原住民的权益保护意识也不断增强。例如2005年,因纽特人北极圈会议向美洲人权委员会提交申诉,抗议美国作为最主要的温室气体排放者加剧了全球气候变化,影响了北极自然环境,置北极原住民于危险之中,有悖于人权所保障的生存权利。

土地诉求 近几年,"冰上丝绸之路"沿线原住民不断发出自治自决的呼声,希望能以北极世代居住者的主人

第六章 "冰上丝绸之路"的文化交流与保护

纽因特人一家庆祝捕捞成功

身份维护自身的北极权益。其中,土地权是最重要的权益之一。历史上,当地原住民以狩猎为主要生计手段,在不断迁徙的过程中并没有占据土地的概念。在原住民看来,他们世代居住在广袤、荒芜、远离人烟的北极,是这块土地的主人。如今这块土地却不断遭受污染和外部势力介入,挤压了原住民的生存空间。

——**传统文化诉求** "冰上丝绸之路"原住民居住在相对封闭的地理区域,秉持着本民族的风俗与信仰,然而北极内外交流的加强对原住民文化提出了传统和现代相协调的要求。北极国家通过行政手段对当地进行管理,在向这些地区提供教育和贸易机会的同时,也悄然改变着原住民的思维方式及传统生活模式,尤其随着外界更多就业、教育、医疗机会的出现,年轻原住民的流失也将成为必

北极的冰川融化

然。电脑网络的发展使拥有高度文明的现代社会发生了天翻地覆的变化。

参与北极治理诉求 当下，原住民参与北极治理的最好例证就是作为北极理事会永久参与方参与北极事务，虽然并未被赋予实质性的表决权，但原住民至少能通过这个渠道在北极地区最重要的国际论坛直接发声，可以就其北极家园的治理问题与国际社会开展广泛的交流，理事会的任何决议也应事先征询其意见。例如，在制定北极航行安全规则之前，北极理事会于2004年着手开展北极海洋船运评估项目，在随后的2009年的评估项目报告"人类影响"章节中，特别指出原住民的北极治理参与将很大程度上确保北极船运产业开展和环境保护之间的协调。

国际社会对原住民权益的态度

随着北极治理的重要性不断增强,国际社会对北极原住民权益诉求越发重视与尊重,相关的权益保障制度也正在不断健全。

国际组织对北极原住民权益的重视 1993年,北极部长级会议发表了关于北极原住民事务的宣言,在宣言前言中表明,"由于原住民所拥有的生活生存知识及经验,他们在环境保护中可以发挥重要作用,因此各国应该承认并重视原住民的地位、文化及兴趣,并营造机会以使原住民参与维持环境可持续性发展的进程。"

随后的1996年北极部长级会议则进一步明确了北极原住民及其组织对北极环境保护战略实施的重要性,并宣布欢迎他们成为北极环境保护战略永久参与方。同年成立的北极理事会践行诺言,赋予相关北极原住民组织永久参与方的议席。2011年,联合国土著问题常设论坛第十届会议报告则指出,"自由、事先和知情同意原则"(Free prior and informed consent)适用于涉及原住民的各项事务。虽然这一原则并不具有法律约束力,但却显示了国际社会对保障原住民权益的重视。根据原则的精神,原住民除了可以在拥有生计使用权的区域开发资源,在其他的北极资源开发事务方面也拥有一定的话语权。

西方国家对原住民利益的重视 加拿大、美国等西方国家一直以来非常重视原住民的利益问题。20世纪60年代，美国政府决定在阿拉斯加北部沿海开采石油，引发了与当地原住民关于资源归属的争议，最终美国政府在1971年通过了《阿拉斯加原住民定居权法案》，确定把1/9的阿拉斯加土地划归原住民，且赔偿原住民约10亿美元的经济损失，其中几乎一半的赔偿费来自于本地的石油收益，这是北极原住民较早参与北极资源开发收益的案例。

此外，马更些（Mackenzie）天然气项目是加拿大在北极地区开展的首个大规模资源开发项目，在项目可行性研究和项目定义阶段，北极原住民就积极以利益相关者的身份参与项目的决策过程，并要求参与收益分享。

可以预见，随着北极资源开发时代的到来，相关法律及制度在保障原住民收益的同时，还将保障原住民实质性地参与资源开发的决策过程。

"冰上丝绸之路"沿线的文化保护

对"冰上丝绸之路"沿线的文化保护主要是指对当地原住民原生居住环境、文化内涵、宗教信仰和生活方式的保护。针对沿线不同国家、不同少数民族，需要采取不同的方式方法来切实保护其原生态的文化，保护人类文化的多样性。

加拿大北极地区的原住民包括因纽特人、印第安人、梅蒂斯人等，其中努纳武特省的原住民人口占总人口的85%，西北地区占一半的人口是原住民，育空地区也有

25%的居民是原住民。在当今全球化浪潮下，加拿大政府大力支持原住民团体参与北极事务，促使3个原住民主要聚居地能够获得更大的自主权。2013年，加拿大成为北极理事会主席国后，提出的口号就是"为北极地区人民而发展"，确保北极地区资源开发不会造成当地环境恶化、失业人口增加的问题，力求最大限度地维护北极原住民的权益。努勒维特地区众议院议员利昂娜·阿卢卡克女士，成功当选北极理事会部长和加拿大北极理事会轮值主席，她不仅是加拿大内阁中的首位因纽特人，也是首位担任北极理事会主席的原住民。在原住民参与北极治理的过程中，依然会出现政府与当地居民认知的分歧，加拿大政府不会为了保护传统文化而制定政策强加到原住民身上，政府主

| 利昂娜·阿卢卡克女士

要工作就是尊重原住民意愿，确保他们的传统文化得以延续。

同样，以俄罗斯北方为例，聚居在俄罗斯北极地区的土著民族有至少1万多年的居住历史，有20多个民族在这片极寒之地上过着近乎原始的游牧渔猎生活，1825年前他们几乎都与世隔绝。当地土著居民的文化传统都非常相似，都是属于某种共同的白色寒冷文化，他们是地球上生活条件最艰苦的民族，他们的文化传统从数千年前几乎一成不变地延续到了20世纪。

目前俄罗斯北极地区的土著居民有将近20个民族，人口总数达到100多万，各民族人口数量差异很大，有的民族人口总数达到了30多万，而有的民族却只有200人。[1]土著民族是北极知识的载体和实践者，通过经验和观察获得的知识和价值观来自大地或神灵的传授并代代相传，这是北极土著民族文化的内涵和标识。过去，一些北极的土著小民族并没有自己的文字，他们靠口口相传的方式将其独特的文化习俗和经验传递给子孙后代，他们的许多词语里蕴含着一些与渔猎、驯鹿业、采集、当地的特殊地貌和天气等相关的概念和知识，因此对土著民族语言的保护具有重要意义。俄罗斯联邦也越来越深刻认识到，不应该忽视小民族对社会的贡献和重要性，承认土著民族特

---

[1] 张缘园:《俄罗斯北极土著小民族文化多样性及保护研究》，北京，中央民族大学，2016。

链接 俄罗斯对涅涅茨人的文化保护

早在1930年，涅涅茨人在他们相对聚集的地区相继建立了涅涅茨、亚马尔—涅涅茨等3个自治地区。制定了一系列保护和改造小民族传统文化的措施，包括创立学校、编写民族文字、开展扫盲运动、培养师资队伍等等。此后，分别于1925年和1930年在彼得格勒大学成立了北方民族系和北方民族学院，并设立了一系列师范学校，这些学校为北方的土著民族培养了大量优秀的教师和人才。其中，居住在自治区的涅涅茨人在保护土著小民族权利方面拥有完善的立法基础，对于本民族语言、传统文化及生活方式的保护也最为突出。在涅涅茨自治区公办学校里，涅涅茨语在学前教育阶段是必修课程，在5—8年级则是选修课程。自治区还出版了涅涅茨语的教科书以及文化类书籍，出版的报纸有专门的涅涅茨语板块，还有用涅涅茨语播报的广播。在涅涅茨自治区也运作着许多涅涅茨文化部门、文化创作团队、独立的剧院。

近年来，涅涅茨人的人口并没有减少，他

们与冻土、苔原地带保留着千丝万缕的联系。涅涅茨人的一生与驯鹿相互依存，他们一生下来及临终时都用鹿皮包裹着。他们从小就跟着父母学习如何驯鹿，长大成人之后自己也是驯鹿的好手，驯鹿几乎是他们一切生活的来源。

涅涅茨人从未放弃自己的传统信仰，他们最重要的神灵是努姆、恩加等。此外，每家每户都有自己的家神。涅涅茨人履行自治功能的社会组织拥有很高的威望，在很多时候决定了土著小民族争取自身权利的行为，为涅涅茨民族捍卫本民族使用工业用地和驯鹿牧场的权利一直不懈努力着，可以说，民族自觉性的增强促进了涅涅茨人传统的物质文化和精神文化中许多元素的复兴。

涅涅茨人对本民族文化多样性保护的成功事例，对"冰上丝绸之路"沿线的文化保护具有重要的启示和借鉴意义。

有的文化、历史、语言和生活方式丰富了国家的文化特性，并积极鼓励和加深对俄联邦领土内的土著小民族特有文化、历史、传统习俗和语言的了解。

中国参与"冰上丝绸之路"原住民的文化保护

随着国际社会和北极国家赋予原住民的权利逐渐清晰,北极原住民自身权利意识逐渐觉醒,北极地区原住民在北极经济发展中的地位日益凸显,所发挥的作用也日益突出。然而,北极国家对北极的开发建设也使得北极原住民生活空间受到挤压,文化也受到现实的侵蚀与外来文化的冲击,因此急需保障原住民的传统知识、风俗习惯和社会制度等得以传承。随着中国与"冰上丝绸之路"沿线国家合作的开展和不断深入推进,中国对原住民的文化保护也逐渐重视起来,努力在合作中确保他们的权利不受侵犯。

中国对原住民的文化保护主要体现在实践和宣传两个层面。从实践层面来看,中国政府及相关企业参与"冰上丝绸之路"沿线开发建设时,积极确认受影响的原住民身份,承认原住民对土地、领地和自然资源的权利,尊重和维护原住民的参与权,并研究开发建设的影响和补偿措施。从宣传层面来看,对当地原住民身份的积极认知、文化保护及宣传。

例如,2016年由中国的制作团队拍摄的纪录片《北极,北极!》,通过描述北极世界历经的历史变迁、北极与人类的关系,试图唤起更多人保护北极环境的意识。这部纪录片全景式介绍了近年来北极所经历的气候、环境、政治、经济、原住民、文化等诸多方面的变化，是一部展示北极变化的"百科全书"。这部片的主要拍摄和宣传对象均以当地原住民为主体，体现了中国对原住民及其文化保护的重视。

"冰上丝绸之路"的文化交流意义重大，对人类文化的多样性保护异常重要。尽管从古至今文化保护一直是北极发展被关注较少的领域，但近年来，无论是当地原住民、西方国家还是中国，对北极地区的文化交流与保护的意识都日渐增长。"冰上丝绸之路"的文化交流与保护往往超越了单个主权国家范畴，保护沿线的原生文化就是在保留人类文明基因的多样性，在人类发展与文明多样性的视角下进行研究与保护，恰恰符合中国提出的构建人类命运共同体的理念。

第七章

"冰上丝绸之路"建设的国际合作

"冰上丝绸之路"与"一带一路"倡议一样，是中国提出的行动倡议与合作愿景，是构建人类命运共同体的重要实践，这不仅仅是中国一个国家的任务与使命，更离不开与沿线国家的共商共建，因此开展国际合作必不可少。本章在阐述相关国家（俄罗斯、加拿大、美国、日本、韩国及北欧诸国等）对"冰上丝绸之路"的认知与诉求基础上，详细论述了中国与相关国家在各领域开展的合作，并指出北极合作治理中的一些风险及困难，从而为今后进一步深入合作、共同建设"冰上丝绸之路"提供必要的研究基础和潜力方向。

相关国家对"冰上丝绸之路"的认知与诉求

北欧诸国

"冰上丝绸之路"是推动北极善治的跨区域合作新方案,是"一带一路"倡议的自然延伸。中欧作为亚欧大陆最重要的经济体,是"冰上丝绸之路"天然的共建伙伴。当前,中欧关系的主旋律是推进全面战略沟通与经济协调,中欧共建"冰上丝绸之路"既为欧洲国家推动北极区域经济平衡发展提供了新契机,也为中国开辟欧亚贸易新通道创造了条件,双方合作迎来前所未有的时代机遇。[1]

从区域经济发展的视角来看,北极东北航道沿岸的次区域经济系统较为完善。北冰洋沿岸的四大经济区,东北航道占有其三,即以巴伦支海和挪威海为核心的"东北大西洋经济区";以冰岛、格陵兰、法罗群岛为核心的"北大西洋中央经济区";以白令海为核心的"北太平洋经济区"。而西北航道则因通航时间较短和原住民权益保护等原因,区域经济发展滞后,仅有以纽芬兰和拉布拉多为核

---

[1] 肖洋:《中欧共建"冰上丝绸之路":机遇、挑战与路径》,载《德国研究》,2019,34(03):58—69+134页。

心的"西北大西洋经济区"。①

北极东北航道分为俄罗斯段和欧洲段，两者的区域经济发展存在巨大差异。俄罗斯段缺乏经济集聚的社会基础，沿线地广人稀且基础设施落后，更多是以航运补给和矿产开发为主的单一经济增长点。即使是在白令海峡地区俄罗斯的楚科奇半岛，也是地广人稀，显著落后于一海之隔的阿拉斯加。然而欧洲段经济综合发展水平较高，是北冰洋沿岸经济最发达的地区，能够通过便捷的海陆交通网实现与欧洲经济腹地——波罗的海经济区的无缝对接，经济整合的愿景较为明显。随着英国脱欧进程的不确定性增加，欧洲大陆的经济重心开始逐渐从德法意"铁三角"向环波罗的海经济圈偏移，加之北极航道成为第二条中欧物流大通道，使得兼具欧洲国家和北极国家双重身份优势的北欧国家成为中欧北极经贸合作的示范区。②

北欧地区是俄罗斯"北方海航道"向欧洲核心经济区自然延伸的关键节点，北欧国家与中国的经贸合作成效直接关乎中欧共建"冰上丝绸之路"的可持续性。早在"冰上丝绸之路"提出之前，北欧国家就开始探索如何扩大对华北极合作。2016年2月3日，北欧部长理事会（Nordic Council of Ministers）做出了加强与中国在北欧地区进行次

---

① 见中华人民共和国国务院新闻办公室网站：《中国的北极政策》。
② 凯斯基塔洛·卡丽娜：《国际区域建设：国际区域的北极发展》，载《合作与冲突》，2007年第2期，第187—205页。

第七章 "冰上丝绸之路"建设的国际合作

区域合作的决议,并提出了一系列旨在加强中国与北欧国家教育、科研、创新合作的奖励。[①]

当前,北欧国家参与"冰上丝绸之路"的态度大致可分为两类:

一是以冰岛、芬兰、丹麦为代表的"全面对接派",主张与中国建立全面的北极合作关系。冰岛认为中国是北极地区的战略伙伴,它是第一个与中国签署北极合作文件的北欧国家。2012年4月22日,两国签署《中华人民共和国政府与冰岛共和国政府关于北极合作的框架协议》,再加之从2014年7月1日运行至今的《中国—冰岛自由贸易协定》,中冰合作成为中国与北极国家经贸合作的示范窗口[②]。此后,2018年8月4日《中华人民共和国商务部与冰岛外交外贸部关于电子商务合作的谅解备忘录》的签署,进一步深化了两国的贸易合作。冰岛政府大力支持的"北极圈论坛"是全球规模最大的北极商贸平台,于2019年5月10日在上海举办"中国与北极:冰上丝绸之路、科学与创新、可持续发展、跨区域合作"中国分论坛,全面探索了中欧共建"冰上丝绸之路"的可行路径。

2017年4月,中国与芬兰建立了"面向未来的新型合作伙伴关系",明确提出加强北极海洋产业、北极航运、

---

① 安全与发展政策研究所:《中国与北欧关系的机遇与未来》,斯德哥尔摩:安全与发展政策研究所,2006年,第5—6页。
② 陈建平:《国家利益的建构:冰岛对外政策与国内政策对北极的政治利用》,载《极地研究》,2005年第1期。

北极自然资源开发、北极科考等领域的经济与科技合作，以加强中国—北欧合作，从而进一步补充中国—欧盟全面战略伙伴关系。①

为了发挥亚欧物流网的地缘优势，芬兰未雨绸缪地推动北极交通基础设施的互联互通。在"冰上丝绸之路"倡议提出3个月后，芬兰和挪威政府于2018年3月11日正式宣布开启"北极走廊"（Arctic Corridor）项目，通过修建连接芬兰罗瓦涅米和挪威希尔克内斯的北极铁路，打通欧亚铁路至北冰洋的洲际物流网。② 2019年1月14日，芬兰总统邵利·尼尼斯托访华期间，提出将积极探讨在北极航道开发等项目上的对华合作，共建"冰上丝绸之路"，并将中芬北极科研合作列入《关于推进芬中面向未来的新型合作伙伴关系的联合工作计划（2019—2023）》中③。为了吸引中资促进北极地区经济发展，2019年6月16日，芬兰北部地区行政管理局签发了中工国际工程股份有限公司在北极城市拉普兰的"北方生化"纸浆厂项目的环境许可证。2019年7月9日，为了增强"北极走廊"项目与波罗的海经济区物流网的联通性，芬兰—爱沙尼亚湾区发展有限公司（FinEst Bay Area Development Oy）宣布由中国

---

① 见中华人民共和国外交部网站：《中华人民共和国和芬兰共和国关于建立和推进面向未来的新型合作伙伴关系的联合声明》。
② 见中华人民共和国商务部网站：《芬兰和挪威将修建北极铁路》。
③ 见新华网：《关于推进芬中面向未来的新型合作伙伴关系的联合工作计划（2019—2023）》。

中铁股份有限公司承建赫尔辛基至塔林的海底隧道。[1]此外,芬兰是率先开通与中国的铁路、航空直达线路的北欧国家,目前中国合肥、济南、重庆都已开通至芬兰的中欧班列。

在中国—丹麦全面战略伙伴关系的引领下[2],丹麦将中国作为出口市场,密切关注与中国的北极合作。2019年2月1日,丹麦创新中心发布《丹麦北极研究的国际机遇展望》(Prospects for International Opportunities in Danish Arctic Studies),这份报告将中国列为丹麦北极科研的合作伙伴,鼓励丹麦北极学者加强对华国际交流,实现丹中北极科学研讨会的机制化,并在格陵兰共建北极研究国际合作中心。丹麦外交部下属的贸易委员会围绕能源开发、食品卫生等多个领域为两国企业提供高质量的商务咨询服务。格陵兰自治政府首脑多次访华,欢迎中企进行矿业投资和基础设施建设。[3] 2018年3月,格陵兰自治政府选择中国交通建设集团等公司扩建努克、伊卢利萨特和卡科尔托克的3座机场,格陵兰政府赋予江西铜业集团在部分地区的采铜特许权,并简化了中国公司的铜矿开采程序。

二是以挪威、瑞典为代表的"商务优先派",重点发

---

[1] 见中国"一带一路"网:《中企将出资在欧洲建世界最长海底铁路隧道》。
[2] 见中华人民共和国外交部网站:《中华人民共和国政府和丹麦王国政府关于建立全面战略伙伴关系的联合声明》。
[3] 潘敏、王梅:《格陵兰自治政府的矿产资源开发与中国参与研究》,载《太平洋学报》,2018年第7期,第88—98页。

展对华自由贸易。中挪关系自2016年恢复正常化以来，两国政府在各领域的务实合作蓬勃发展。挪威从地缘政治和社会发展的视角出发，于2017年发布了《挪威的北极战略》，明确提出愿与中国等东北亚国家达成北冰洋公海捕鱼协议。[①] 挪威拥有欧亚大陆互联互通关键节点的区位优势，希望借助中国的投资将希尔克内斯港打造成北极航道欧洲段的核心港口和北极旅游游客的中转站，从而建成中欧陆海联运的北极支点，并从机制层面继续推进两国的可持续合作。

2019年9月12日，中国—挪威自由贸易协定第16轮谈判就货物贸易、服务贸易、原产地原则等议题进行了磋商，并取得了积极进展。[②] 此外，挪威不仅是亚投行的创始会员国，还通过主办北极边疆大会（Arctic Frontiers Conference）等多边平台，主动邀请中国政府官员、学者、企业家参与巴伦支海经济开发，推动中挪在斯瓦尔巴德群岛的北极科考合作。

瑞典凭借科技创新能力和高质量教育体系，与中国就交通运输、人工智能、留学服务等领域开展合作。高技术领域是瑞典与中国合作的重点，尤其在5G通讯领域，爱立信公司将一半的科研力量投入中国市场，并开始探索与

[①] 挪威外交部：《挪威的北极战略——地缘政治与社会发展之间的关系》，挪威政府安全与服务组织，2017，第20页。

[②] 见中华人民共和国商务部网站：《中挪举行自贸协定第十六论谈判》。

华为公司就无线电频谱、交叉专利授权等议题的深度合作。吉利集团与沃尔沃汽车公司已经成功整合，成立的联合研发顶级平台具有明显的经济效益，被誉为中瑞企业合作的成功典范。当前，瑞典政府将跨境电商作为实现中瑞线上线下互联互通的重要路径，并鼓励瑞典企业扩大对华投资。例如，2019年8月24日，瑞典宜家公司宣布将对华投资140亿克朗，重点发展跨境数字化商务，建设跨境电商销售平台。[1] 此外，为了有效对接"冰上丝绸之路"，更加全面了解中国，挪威外交部还将建立中国问题研究中心。[2]

总体而言，北欧国家认为中国参与北极发展将带来商贸投资的机遇，对接"冰上丝绸之路"的意愿较为强烈，并采取务实主义的态度，对华合作的侧重点各异，在操作层面具有较高的灵活性，不仅有利于为北欧次区域整合提供经济支持，同时也为"冰上丝绸之路"与欧洲整体发展规划的对接起到良好的示范作用。

加拿大

加拿大的北极地区，是指北纬60度以上加拿大主权范围内的地区，包括陆地、群岛和水域。在气候变化、北极地理环境发生改变的背景下，北极地区日益受到国际社

---

[1] 见中华人民共和国商务部网站：《宜家扩大在华投资》。
[2] 见中华人民共和国商务部网站：《瑞典政府有意建立中国问题研究中心》。

会的重视，北极国家针对自身的北极利益诉求一直进行着或明或暗的博弈。加拿大是北极大国，在北极地区拥有广阔的领土与领海，因此，加拿大对北极地区主权的维护有着漫长的历史。

早在20世纪初，加拿大就努力寻求国际社会对其北方陆地和水域主权的认同。冷战结束后，随着国际政治局势的缓和以及经济全球化和全球气候变暖的推动，加拿大政府越来越意识到北极环境的特殊性，要求环北极各国加强协同合作。在芬兰的倡导和加拿大的积极推进下，1991年成立了北极环境保护战略（Arctic Environmental Protection Strategy，简称 AEPS），这标志着北极地区进行国际治理与合作的条件日渐成熟。[①] 2000年，加拿大政府发布了《加拿大对外政策中的北方因素》[②]（The Northern Dimension of Canada's Foreign Policy）官方文件，第一次正式将北极事务纳入"外交"领域。2008年5月，加拿大国防部发布了《加拿大第一国防策略》，强调在北极环境变化的新形势下应对"来自海外的挑战"，并表示加拿大需要"更多的军事支持"，才能保护自身的主权与国家安全。2009年，加方公布了全新的官方北极战略——《加拿大北部战略：我们的北方、我们的遗产、我们的未来》，

[①] 程保志：《加拿大与北极治理：观念塑造与政策实践》，载《当代世界》，2014（11）：64—67页。

[②] 参见 http://library.arcticportal.org/1255/1/The_Northern_Dimension_Canada.pdf。

首次明确了加拿大北极战略的四大支柱：行使加拿大对北极的主权、促进社会经济发展、保护北极环境遗产以及改善北极治理与强化分权。而这四点与《加拿大对外政策中的北方因素》所提出的目标基本相符。2010年，加拿大政府根据其北方战略四大支柱制定了《加拿大北极外交政策声明》，标志着加拿大北极外交政策的正式成型。[1]

对北极群岛水域的权利主张构成了加拿大在国际法上的重要实践内容。在这一过程中，除了海洋法视角下的历史性权利之外，立足于加拿大特殊的国家实践，领土法视角下的历史性权利同样构成其主张的来源。[2]加拿大在西北航道管理及主权诉求过程中，不断加大对航道安全及污染防治等航道管理力度，以环境保护名义通过国内法间接谋求其西北航道主权地位，并使其国内法相关原则成功在国际法中得以体现，为本国赢取了航道管理的有利因素。但是，悬而未决的西北航道主权之争、航运法律体系的缺失、航道通航服务设施的落后、各国政府的不力等制约因素，使加拿大西北航道的主权诉求和管理之路困难重重。西北航道的法律地位问题尚未定论，其主权归属仍存变

---

[1] 高天明：2018，《中俄北极"冰上丝绸之路"合作报告》，北京，时事出版社，2018。
[2] 王阳：《加拿大北极群岛水域历史性权利主张评析》，载《太平洋学报》，2017，25（12）：76—86页。

数，这无疑是加拿大面临的最大挑战。①

美国

美国拥有北冰洋沿岸国和全球超级大国的双重身份，而这一身份决定了历届美国政府的北极战略决策过程，都囿于全球战略的框架之中。②

长期以来，美国将全球战略重点置于大西洋和太平洋，对北极地区的关注度较低，战略投入相对较少，这种战略局限性造成美国在北极地缘政治经济博弈中处于相对弱势地位。2018年1月，中国政府倡导的"冰上丝绸之路"被正式列入《中国的北极政策》白皮书，引起国际社会的高度关注。而特朗普政府在2019年6月公布的《国防部北极战略报告》中，明确将中俄列为美国在北极地区的战略竞争对手和美国国家长远安全的挑战。随着中美综合国力的快速接近，两国的地缘安全战略都呈现出外向扩展的趋势，预示着中美关系进入"强强相逢"的新时代，这促使特朗普政府将中国因素纳入其北极战略的决策过程。鉴此，准确把握美国政府的北极安全观及其应对"冰上丝绸之路"的战略设计，是中国辨识"冰上丝绸之路"地缘安

---

① 邹磊磊，付玉：《从有效管理向强化主权诉求的又一范例——论析加拿大西北航道主权诉求的有利因素及制约因素》，载《太平洋学报》，2014，22（02）：1—7页。

② 孙凯、潘敏：《美国政府的北极观与北极事务决策体制研究》，载《美国研究》，2015年第5期，第9—12页。

全风险的重要前提。

在中美结构性矛盾日益尖锐的今天，美国对"一带一路"建设以及"冰上丝绸之路"的基本立场是抵制性远高于参与性，冲突性远高于合作性，即使有合作也仅局限于区域层面甚至次区域层面的经贸领域。在战略层面，美国试图在长期的全方位竞争中逐渐削弱"冰上丝绸之路"的比较优势与国际吸引力，以对抗性为主导，使得拒阻战略具有竞争性抵制的核心属性。[1]

面对"冰上丝绸之路"倡议，美国采取了地缘政治上的进攻性现实主义与地缘经济上的保守主义相结合的战略设计思路。[2]在地缘政治方面，美国遵循"边缘地带"理论逻辑，构建从阿拉斯加到波斯湾的地缘围堵圈，在亚洲大陆南北两侧的边缘地带，形成联合制华同盟体系。此举的中短期目标是恶化中国周边地缘安全环境，长期目标则是将中俄两国的崛起空间限定在亚欧大陆之内。在地缘经济方面，为了迟滞"冰上丝绸之路"倡议对亚欧经贸一体化的整合进程，延缓世界经济和亚太经济的重心从北美向东亚转移，美国必将阻止中国构建一个将其排除在外的欧亚北极自贸集团。为此，美国将加强对日本、加拿大等国

---

[1] 肖洋：《竞争性抵制：美国对"冰上丝绸之路"的拒阻思维与战略构建》，载《太平洋学报》，2019, 27（07）：66—75页。

[2] 迈克尔·克拉克、安东尼·里基茨：《唐纳德·特朗普与美国外交政策：杰克逊传统的回归》，载《比较战略》，第36卷第4期，2017年，第365—379页。

的经济拉拢，提升在欧亚次区域经贸合作中的对华竞争优势，实现美国主导的北极经济整合进程，维护美国的全球霸权和北极区域霸权。

俄罗斯

随着北极资源开发与北极航运的经济愿景成为现实，各国参与北极治理的热情再度高涨。俄罗斯是世界上最大的北极国家，其北极战略规划一直受到国际社会的高度关注，俄罗斯对北极地区的战略构想也将影响未来北极治理的实际成效以及北极地缘政治经济格局的演变。[①]

俄罗斯大部分领土位于北极圈以北，北极是俄罗斯天然的防御屏障和资源储备区。早在1525年，沙皇俄国外交官梅德格拉西莫夫就提出开辟俄罗斯到中国的"东北航道"，从彼得大帝到叶卡捷琳娜二世，俄罗斯持续加大对北极地区的探索力度。1728—1741年，沙俄海军探险家维图斯·约纳森·白令（Vitus Jonassen Bering）穿越北极圈，打通了从俄罗斯西伯利亚到北美阿拉斯加的北极航道，此后，俄罗斯开始绘制北极航道图。[②]

俄罗斯作为横跨欧亚大陆的国家，一直高度重视与

[①] 肖洋：《安全与发展：俄罗斯北极战略再定位》，载《当代世界》，2019（09）：44—48页。

[②] 姜秀敏、朱小檬等：《基于北极航线的俄罗斯北极战略解析》，载《世界地理研究》，2012年第3期，第45—49页。

第七章 "冰上丝绸之路"建设的国际合作

亚洲的贸易联通,从19世纪下半叶开始,俄罗斯从海陆两个方向逐渐将贸易网络向东亚推进。俄罗斯一方面积极推进西伯利亚铁路建设,将海参崴打造成与中国等东亚国家进行海陆联运的转运枢纽,不断推进与中国东北地区铁路网的对接;另一方面从1877年开始探索基于北极航道的中俄海上贸易通道。虽然面临导航技术落后、补给港口匮乏、船舶破冰能力薄弱等制约因素,但俄罗斯始终没有放弃对北极航道的考察和建设活动。时至今日,俄罗斯仍然是北极科考大国,是对北极东北航道进行实质性开发的国家。

随着全球气候变暖加剧、北极常年冰封的状态发生变化,北极航运与资源开发成为现实,这也极大提升了北极在全球地缘政治格局中的战略地位,世界主要大国都将参与北极事务。

俄罗斯作为北极大国,始终将北极视为其利益边疆。2007年8月,北极冰雪覆盖面积达到历史最低点,俄罗斯境内的北极东北航道几乎实现全线无冰化通航,北冰洋沿岸国家开始围绕北冰洋大陆架划界问题展开激烈争夺。在"北极圈地运动"日趋白热化的情况下,俄罗斯为了获得划界优势,派遣深海科考队在北冰洋海底插上俄罗斯国旗,以宣示对北极的主权。自此,俄罗斯开始将北极事务上升到国家战略层面,围绕"重返北极"的战略目标对北极政策进行构建,出台了一系列中长期的决策文件,强化了对北极领土的控制力。

当前，俄罗斯是颁布国家级北极战略文件最多的国家，已经形成具有"安全与发展"逻辑内涵的政策体系，核心政府文件主要有四个。一是2008年颁布的《2020年前俄罗斯联邦北极地区国家政策原则及远景规划》，首次明确了俄罗斯在北极地区的战略目标、利益和优先方向；二是2009年颁布的《2020年前俄罗斯联邦国家安全战略》，将捍卫北极主权安全上升为俄罗斯国家安全支柱的高度；三是2013年颁布的《2020年前俄罗斯联邦北极地区发展和国家安全保障战略》，提出了北极经济发展与北极领土安全并重的理念；四是2014年颁布的《2020年前俄罗斯联邦北极地区社会经济发展纲要》，提出以重建北极基础设施和北极军事力量为核心的俄罗斯北极战略规划。

随着21世纪第二个十年即将结束，2019年4月9—10日，俄罗斯总统普京在"北极—对话区域"国际北极论坛上提出，俄罗斯政府将制定第五份国家北极战略——《2035年前俄罗斯北极地区发展战略》，并在俄罗斯担任北极理事会轮值主席国（2021—2023年）期间，推动北极理事会框架下的国际合作，尤其是在矿业开发、能源勘探、北极航运领域推进环保科技合作，来构建更为严格的北极环保标准体系。然而，美国相继提出"亚太再平衡"和"印太战略"，其战略重心从中东移向西太平洋，北约对俄罗斯也采取从巴伦支海到黑海的"双钳攻势",使得俄罗斯面临来自东西两翼的战略压力。在周边战略安全环境的日益恶化以及振兴乏力,使俄罗斯难以独立实现战略意图的背景下,俄罗斯的北极战略无论是在决策理念还是实施路径上,都将发生明显的调整。

日本

日本虽然并非传统的"北极国家",但日本是较早关注北极问题的亚洲国家之一。早在20世纪50年代,日本的北海道大学就开始了北极问题的研究。21世纪以来,尤其在气候变化以及经济全球化对北极地区影响日益加深的背景下,日本强化了对北极事务的参与,加强了对"海洋国家"认同的构建。[①]反过来,深度参与北极事务也是日本"海洋国家"认同的重要内容。2013年5月,日本与中国、韩国、新加坡、印度、意大利一同被接纳为北极理事会观察员国,这是日本积极参与北极事务的标志性事件。近年来,随着北极事务从科学研究和极地考察逐渐转向经济开发、资源利用、规则制定,北极交流逐渐从国家主导过渡到国家与社会多层面综合参与,日本进一步加强了对北极事务的关注、研究和参与,主要参与主体包括政府及相关部门、涉北极事务的相关企业、高等院校和科研机构,以

[①] 张建立:《战后日本的国家认同建构特点研究》,载《东北师大学报(哲学社会科学版)》,2017(5)。

及大财团等民间团体等，这些行为主体在不同领域、多个层面的北极事务中，依据自身的特点和优势，对于北极事务积极参与共同构成了一幅立体化的北极外交参与模式[①]。

日本政府及相关部门的参与 由于北极事务的复杂性和多样性，单一的政府部门无法独揽涉北极事务的相关决策和参与，需要政府内多部门的协调参与。日本政府中涉北极事务的部门主要包括外务省、文部科学省、防卫省、国土交通省和经济产业省等。

外务省专司日本的外交事务，是日本政府北极外交事务的主要参与机构，负责执行日本政府的北极政策以及拓展北极事务的官方参与，如日本申请北极理事会观察员的具体执行就由外务省负责。2009年，日本外务省副外相在纪念《南极条约》50周年的大会上，宣布日本将申请北极理事会观察员国，随后外务省设立专门的北极特别任务组负责具体事宜。日本是较早设立北极事务大使的国家，充分显示了日本政府对北极事务的关注以及北极问题在日本外交议程中的优先程度。2013年，日本任命了白石和子担任北极事务大使，现任北极事务大使是山本荣二。

文部科学省主要负责日本国内的教育、文化、体育和科学技术等，是日本政府的重要行政部门之一。文部科学省作为科学研究的支持机构，早在20世纪90年代就开始

---

① 陈鸿斌：《日本的北极参与战略》，载《日本问题研究》，2014，28（03）：1—7页。

关注北极问题。在文部科学省的推动下，日本作为创始成员加入成立于1990年的国际北极科学委员会。2011年5月，在文部省的推动和台湾地区极地研究所的牵头下，成立了日本北极环境研究联盟，由此开启了绿色网络卓越项目以及北极气候变化项目。①

日本防卫省主要掌管日本的国防等相关事项，类似于国防部。近年来随着北极地区变化对安全问题所带来的潜在威胁增多，日本防卫省也加强了对北极事务的关注。2011年，在日本防卫省发布的《东亚战略概览》中，有专门一章讨论了北极地区的秩序、北极地区变化对日本国家安全的潜在威胁等。②负责日本交通运输的国土交通省也对北极地区的航运事务较为关注，并推动日本航运业及早筹划，为北极航道的开通做好准备。2012年，国土交通省联合其他部门一道向日本政府提交了一份报告，阐释北方海航道可能成为日本经济的"前沿之地"，并在部委内部首次召集了针对北方海航道通航等问题的现状评估和未来预测会议。2013年，国土交通省专门拨款设立课题，对北方海航道通航相关的法律问题进行研判。③此外，日本的经济

---

① 砺波亚希：《北极变化中的亚洲外交政策》，德国，帕尔格雷夫·麦克米伦出版社，2016年。

② 肖洋：《日本的北极外交战略：参与困境与破解路径》，载《国际论坛》，2015（7）。

③ 《中日北极政策：多层次的经济和战略动因》，载《极地日报》2014年4（1）。

产业省也在密切关注北极地区的变化对日本经济发展带来的机遇和挑战。

同时，日本不断加强和推进与欧洲国家在北极事务中的合作。早在1993年，旨在缓解俄罗斯与西方国家在巴伦支海地区的对峙，加强经济、运输、环保和科技合作的巴伦支海欧洲北极理事会在成立之初，日本就作为观察员参与其中。2018年6月18日至20日，欧盟北极事务大使玛丽·安妮·康尼斯访问日本时，与日本官员共同召开欧盟—日本北极事务磋商会议，并在访问期间与商界领袖会谈，就日本和欧盟国家之间的北极科学研究合作以及经贸往来等问题进行磋商。

日本涉北极事务相关高校及科研机构　北海道大学是日本较早设立北极问题研究机构的高校，早在1957至1960年间，北海道大学的中谷宇吉郎就开始在格陵兰地区对冰盖地质进行研究。北海道大学设有日本唯一专门研究冰冻圈自然科学的研究所，设有低温科学研究所和北极研究中心。其中，北极研究中心是一个跨学科的研究机构，其主要研究方向包括北极地区的可持续发展和开发利用等，涉及的学科包括人文社会科学以及自然科学等领域，致力于运用新的视角、技术和方法，不断推进以北极圈为研究对象的新学术领域的开发。此外，北海道大学的北极问题研究还积极拓展国际交流与合作平台，是亚洲第一所加入北极大学的教育机构。

神户大学也是日本重要的北极问题研究机构。2015年10月，作为日本政府设立的为期五年（2015—2020年）的研究项目"北极可持续性挑战项目"参与方之一，神户大学在其中的分工是研究北极地区的法律和政策问题，尤其关注北极国际法律框架和法律制度。基于此，神户大学的国际合作问题研究院成立了极地合作研究中心（Polar Cooperation Research Center），由柴田明穗担任中心主任。

日本企业在北极事务中的参与 与此同时，日本企业也非常重视北极地区变化所带来的商机，积极参与北极地区的资源开发、经济合作以及推进旅游业的发展等。近年来，日本也加入到探索北极资源开发的行列中，随着北极地区石油、天然气等能源的开发，日本企业凭借先进的技术和科研能力，不断推进其在北极发展中的参与。为了在格陵兰地区的天然气开发争夺战中博得头筹，日本的住友商事、出光兴产、帝国石油等企业联合出资成立了"格陵兰石油开发"公司，积极参与格陵兰东北部的海底油田招标事宜。另外，日本的出光兴产公司、日本国际石油开发株式会社等也积极地参与北极地区能源的开发事宜。出光兴产公司已经参与到挪威在巴伦支海油气开采板块的4个项目，并获得挪威柯纳尔油田的开采许可证，从2015年起开始在挪威开采石油。

日本民间团体参与北极事务 在民间团体层面，日本的经济团体尤其是一些大财团等相关组织，也非常关注北极问题。日本海洋政策研究财团（Ocean Policy Research Foundation），也就是现在的笹川和平财团海洋政策研究所，早在1993至1999年期间就与挪威南森研究院、俄罗斯中央船舶设计研究所开展了一项为期6年的"国际北方海航道研究"国际联合项目，项目的主要目的是评估北方海航道通航在技术和法律方面的可行性，并出版了《北方海航道：连接欧洲与东亚的最短航道》。

几乎同期，"日本北方海航道项目"的启动与研究也为日本航运企业使用北方海航道提供了咨询。根据以上研究，日本航运企业认为，尽管北方海航道在通航使用方面具备一定的可行性，但是还存在大量的不确定性，经济获益较为困难。进入21世纪，日本海洋政策研究财团在2009至2011年期间通过"日本北极海会议"这一架构，多次召集有识之士，研讨相关的北极参与战略，并于2012年4月向日本政府提交了政策建议报告。这些民间机构的相关研究以及在北极事务中的参与，对日本企业界以及日本北极政策都产生了重要的影响。[1]

韩国

韩国的极地活动始于1986年11月正式签署的《南极条约》。除日本外，韩国作为近北极国家也一直密切关注

---

[1] 孙凯:《日本在北极事务中的"立体外交"及其启示》，载《东北师大学报（哲学社会科学版）》，2019（04）：41—47页。

北极地区的变化。2002年,韩国通过加入国际北极科学委员会和在挪威新奥尔松建立的北极茶山基地,建立了参与北极地缘政治博弈的桥头堡。然而,从北极茶山基地建立,到2008年作为特别观察员第一次出席北极理事会会议,韩国在北极事务中一直表现低调,其主要活动是针对北极地区的科学合作展开。

2013年10月10日,韩国在晋升为北极理事会永久观察员国之后,公布了第一个国家北极战略——《北极政策基本计划》,开亚洲国家之先河。[1] 然而,北极理事会的制度安排并不涉及商务议程,韩国政府需要独自积累与北极理事会成员国的合作经验,尤其是经贸合作方面,以提升本国企业在北极经济开发中的竞争力。[2] 2015年4月7日,在朴槿惠政府的高度关注下,韩国海洋水产部在与韩国外交部、环境保护部、国土交通部等部门密切磋商,公布了韩国《2015年北极政策执行计划》,标志着韩国的北极战略规划步入实施阶段[3]。韩国政府已将计划公开推广,并且按照计划开展与北极国家的深入合作,保障韩国的北极利益。

韩国参与北极事务的历程 韩国于1999年搭乘"雪

---

[1] 金胜燮:《七个政府部门构建北极政策基本计划》,载《韩国海洋》,2014年第1期,第132—133页。

[2] 玄贞金(Hyun Jung Kim,音):《朝鲜成功了吗?韩国北极政策总体规划》,载《海洋政策》,第61卷,2015年11月。

[3] 见韩国海洋水产部网站:《2015年北极政策执行计划》。

龙号"参与中国的首次北极科考。2008年，韩国申请成为北极理事会的观察员，北极活动才开始显著增加且更加多元化。此后，韩国前总统李明博任职期间多次走访北极各国，为韩国的晋级制造声势，直到2013年才正式获得批准。2009年，韩国建造了一艘7487吨的破冰船"亚伦"号，至今每年都开展北极科考活动，并于2011年3月在首尔主办了第12届北极科学高峰周。2012年，韩国加入《斯匹次卑尔根群岛条约》，正式获得在北极活动的合法身份。朴槿惠上台后积极落实李明博政府的北极政策，在2013年12月出台《北极政策基本计划》的基础上，发布韩国第一个北极政策实施规划——《2015年北极政策执行计划》，旨在综合管理韩国在北极地区的各种行动，并推动政府部门间的政策协调，进一步加深了韩国各界的北极活动与政府北极战略的内在联系。[1]

韩国北极战略的总体框架 韩国北极战略的愿景是将韩国塑造为北极国家可靠且负责任的合作伙伴，推动北极地区的可持续发展。"可靠的伙伴"表明韩国尊重北极国家的主权和司法权，遵守目前适用于北极的国际和地区法则法规，例如《联合国海洋法公约》等。[2] 对北极的高度关注和作为非北极国家的身份定位是韩国构建北极战略

---

[1] 肖洋：《韩国的北极战略：构建逻辑与实施愿景》，载《国际论坛》，2016，18（02）：13—19+79页。

[2] 文在寅：《2009年韩国：从挫折到逆转》，载《亚洲调查》，2010，50（1）。

的两大基点。为此，韩国政府设立了三大方针，一是积极参与北极理事会的活动以获取北极国家的信任；二是与北极国家开展定期北极科考；三是建立北极信息搜集与分析系统。

韩国北极战略的具体实施步骤主要由四大任务组成。

第一，扩大与北极国家的合作基础。包括：扩大在北极理事会及其下设工作组的相关活动；加强与北极地区国际组织的互动；鼓励私营部门之间的北极合作；借助北极大学开展与北极地区原住民组织的文化合作计划。[1]

第二，增强北极科学考察和研究活动。包括：通过利用北极科考站等基础设施来扩大研究活动；加强针对气候变化的研究；建设北极和北冰洋空间信息数据库。

第三，创造一套新的北极商业模式。包括：与俄罗斯开展北极港口与航道合作；发展极地特种船舶建造与极地资源开发技术，开办北极远洋工厂；加强与北极国家的渔业资源开发合作。

第四，加快北极法律和管理机构建设。包括：以北极航线商业化的安全规范——《极地规则》为蓝本，起草《极地船舶航行安全标准》；建立北极地区空间信息安全中心，构建韩国北极专家网络，提升韩国海洋研究院（KMI）的极地智库资政能力。设立北极专业知识培训机构"北极

---

[1] 金锡焕：《北极治理结构与韩国的参与战略》，载《对外经济政策研究院政策研讨会》，2014年第0期，第28页。

研究联盟"，采取短期培训的方式打通产学研的沟通壁垒。

这四大战略任务进一步明确了韩国在北极发展的愿景，即要想实现经济预期，除了必须获得北极国家的认同之外，还要立足于北极地区共同关心的议题。各战略任务并没有优先之分，而是相互补充。例如，通过国际合作与北极国家建立信任，将会有助于韩国加强其科学研究和开拓北极市场。因此，与其说韩国战略是一个新的行动计划，不如说是对已有涉北极项目的合理整合。

《2015年北极政策执行计划》也考虑效仿美日建立北极研究财团来改善有关北极科考的资助困境。考虑到非北极国家的身份，韩国将根据本国在北极的主要利益以及每个项目的可行性，选择实施见效较快的项目。

韩国北极战略的实践主体 韩国北极战略的实践主体包括政府部门、科研机构与企业，其中北极研究项目由若干个利益重叠的政府部门及下属科研机构主导。具体而言，韩国的北极决策主要由以下政府部门负责：首先是未来创造科学部，朴槿惠政府新成立的未来创造科学部在韩国政府部门中排名第二，是韩国北极科学信息储备的核心部门，负责北极基础科学研究，起到提供北极科研基金、推动破冰船舶建造与极地科技的发展、通过韩国极地研究所促进韩国民众对北极事务的了解，从而认可和支持政府的北极战略规划等作用；第二，外交部代表韩国定期参加北极理事会等其他北极地区国际组织的相关会议，负责北极总体外交，并通知、组织国土交通和海事部、环境部、韩国极地研究所的工作人员共同参会。外交部的工作人员还负责研究北极时事以及定期制定韩国北极外交政策；第三，环境保护部负责在北极的环保行动以及制定与北极活动相关的国内法，确保韩国的北极科考活动以国内外环保法为依据，并评估茶山站的运作和维修工作；第四，国土交通部负责制定《韩国北极研究活动五年计划》和韩国极地研究所及其他相关部门的年度合作计划，同时负责韩国在北极地区的空间信息搜集与管理、资助建造新型破冰船、极地科考基地项目等；第五，海洋水产部是对北极问题最感兴趣、行动最为积极的一个政府部门，在2013年7月起草的《北极政策框架计划》中也起到重要的作用。海洋水产部通过参与北极理事会各工作组的活动，加强与北极国家的合作，开展北极科考，促进北冰洋航运、远洋捕捞、极地成套装备制造业的发展。海洋水产部成立了新的极地事务部门，负责收集其他部门管理的北极相关项目，在《2015年北极政策执行计划》的起草过程中起到联络其他部门的作用；第六，韩国极地研究所是韩国唯一一个专门从事极地活动的政府部门，是韩国海洋科学技术院（KIOST）的下属机构，与海洋水产部进行业务对接，其主要任务是管理韩国南北极科考站的研究项目、加强与国外极地研究所的合作、对韩国民众进行极地知识的宣传、推动官产学研开展极地研究项目等。

此外，三星重工集团、现代重工集团、STX集团（System Technology Excellence）、大宇造船及海洋工程有限公司、韩国国家天然气集团等大企业也纷纷加大北极研究的力度。李明博曾担任现代集团首席执行官27年之久，在其总统任期中，韩国改变了"重南轻北"的极地政策，加大了与北极国家的航道、资源开发合作。三星重工和世腾海洋造船公司设计了韩国首艘国产破冰船，并由韩进重工建造。韩国海洋大学、首尔国立大学、灵山大学等海事科研实力雄厚的大学也不断为政府的北极政策建言献策。

北极是一个新兴的国际政治竞技场，气候变化、极地地理信息需求、北极地区日益增长的经济商机，成为具有国际影响力的大国雄心的展现，已经促使很多国家坚定地走向北极，维护自己的利益，并提升在未来北极治理过程中的话语权。

中国与主要国家的北极合作

北极合作是中国参与北极事务的有效途径。合作就是要在北极建立多层次、全方位、宽领域的合作关系，通过全球、区域、多边和双边等多层次的合作形式，推动北极域内外国家、政府间国际组织、非国家实体等众多利益攸关方共同参与，在气候变化、科研、环保、航道、资源、人文等领域进行全方位的合作。

中国推进的北极相关政策需要与合作对象国相呼应，要分析中国的北极政策，必须同时考虑俄罗斯、美国、加拿大、北欧各国等的北极政策。

与北欧诸国的北极合作（以冰岛能源合作为主）

近年来，中国和冰岛两国领导人互访频繁，关系不断升温，在北极事务上，冰岛已经成为北极国家中同中国合作最紧密的国家。2012年4月，国家总理温家宝访问冰岛期间，双方共同签署了《关于北极合作的框架协议》，以加强中冰两国在北极领域的合作，这是中国首次签署相关的北极协议。此外，国家海洋局和冰岛外交部还签署了《海洋与极地科技合作谅解备忘录》，确定通过联合举办学术研讨会、互派科学家交流访问、开展教育培训等方式，共建合作平台，交流海洋和极地科技领域最新成果，推动两国海洋与极地工作的开展。这标志着中国和冰岛北极事务合作进入了里程碑式的新阶段。

目前双方的合作集中在经贸、能源以及极地科考等政治层面的合作。在经贸方面，2013年，冰岛与中国签订了自由贸易协定，这是中国首次同他国签订自由贸易协定。中冰自贸区建成后，双方最终实现零关税的产品按税目数衡量均接近96%，按贸易量衡量均接近100%。[1]

此外，能源也是双方合作的重点领域之一。2012年4月，中国国家开发银行与冰岛投资贸易促进会签署了一份谅解备忘录，有望在基础设施等领域开展互利共赢的投资项目。[2]冰岛的能源供应主要依靠以氢能和地热能为主的可再生能源，地热能源一直是冰岛的净出口产业。

近年来，随着中国政府加大了环境治理力度，发展清洁能源、加强双方在地热能领域的合作就成了双方的共识。日前，冰岛地热企业同陕西能源开发有限公司签署协议，将在咸阳合作开发地热供暖系统。该项目首期投资约2000万美元，建成后将为10—15万人居住的新建社区供暖，全部建成后，将为40万人居住的社区供暖，成为世界上最大的地热供暖社区。冰岛表示，今后将大力加强同中国在地热开发方面的合作，咸阳合作项目是一个良好的开端。

2016年，中国石化新星公司与冰岛国家能源局、冰岛极地绿色能源公司签署《中冰地热技术研发中心合作协议》，标志着中冰地热技术研发合作中心建设工作正式启动。中冰双方将依托研发中心开展地热技术高水平联合研究，促进科技人员交流与培养，鼓励技术转移，提高双方

---

[1] 见中华人民共和国商务部网站商务部：《中冰经贸部长宣布自贸协定将正式生效》，2014年6月26日。
[2] 刘惠荣等：《北极蓝皮书：北极地区发展报告（2018）》，北京，社会科学文献出版社，2019，189页。

科技研发能力，促进中冰两国在地热开发技术研发领域建立长期的合作关系。除了清洁能源之外，冰岛政府也希望借助中国公司的实力和技术来开发周边海域的油气资源。

近年来，围绕北极地区的油气资源权益，北极五国（俄罗斯、美国、加拿大、丹麦和挪威）展开激烈争夺，纷纷通过修改政策和制定规划等措施促进本国在北极地区的油气勘探，并吸引国外投资者开展联合勘探。2017年挪威解除已执行近20年的对北极巴伦支海域的勘探禁令。同年，《美国优先海上能源战略》要求重新评估奥巴马政府颁布的大西洋、太平洋和北冰洋水域的钻探禁令，以加大海洋油气开采力度。还是这一年，美国与中国签署阿拉斯加LNG项目开发协议。2011年，《2030年前俄罗斯大陆架调查与开发计划》明确提出投资6—7万亿卢布以开发北极大陆架，并通过税收优惠等政策吸引投资。中国迎来与北极国家开展能源合作的重要战略机遇。[1][2]

与加拿大的北极合作

进入20世纪下半叶，北极地区丰富的矿产资源，尤其是石油、天然气等战略性资源，使北极地区成为各个国

---

[1] 聂凤军，张伟波，曹毅，等：《北极圈及邻区重要矿产资源找矿勘查新进展》，载《地质科技情报》，2018，32（5）：1—8页。

[2] 王平康，祝有海，赵越，等：《极地天然气水合物勘探开发现状及对中国的启示》，载《极地研究》，2014，26（12）：502—514页。

家计划开发的对象。加拿大是北极国家,又是以矿产输出为支柱产业的国家,自然会对北极地区的资源进行勘探开发,并维护在北极的主权。

据加拿大地理调查局估计,马更些三角洲地区和高纬度北极群岛地区是加拿大的两个主要蕴藏石油与天然气的地区,可能蕴藏着130亿桶石油和5.6万亿立方米的天然气,此外,调查局估计本地区还有近1300亿吨的煤炭储量。假设储量估算是准确的且成本是100%可回收的,那么它们将供应加拿大22年的石油需求、108年的天然气需求与3400年的煤炭需求。①

在对外贸易方面,目前中国是加拿大第二大贸易伙伴,2016年双边贸易额达到664亿美元,加拿大对华商品出口总值达到近210亿加元,较2015年增长4%;② 2018年中加双边进出口额为795亿美元,同比增长8.9%。中加两国长期经贸合作密切,在农业、资源能源、科技和教育等许多领域是密切的合作伙伴。另外,中国也是加拿大规模最大、增速最快的国际学生来源国,还是第三大游客来源国。中国与加拿大虽然有着不同的国情,在北极地区的利益也有所差异,但在发挥自身优势、通过执行良好的治理政策以扩大影响力和实现自身利益的北极治理政策方

---

① 引自《加拿大的北极:手册》,1983年8月,第2期。
② 谢玮:《加拿大总理特鲁多二度访华,助力中加贸易与环境合作》,载《中国经济周刊》,2017(49):76—77页。

向，在一定程度上来说是共通的。

2019年5月10日，曾在特鲁多政府担任加拿大重要外交职务的安德鲁·莱斯利（Andrew Leslie）议员在中国上海举行的一场关于北极区域合作的研讨会上表示，加拿大"欢迎"在北极地区与中国合作的机会。中国并非北极国家，要想进入北极就必须与北极国家合作，正如中国与俄罗斯等国家早已开始了相关项目的合作，加拿大同样拥有漫长的北极海岸线，在北极事务中的影响力举足轻重，如果能成为中国的助力，中国的北极活动开展将会更上一层楼。

与美国的北极合作

中国已成为世界第一贸易大国，其中，欧盟和美国是中国最主要的两大贸易伙伴。中欧、中美之间贸易量的90%需通过海洋运输来完成，并且都是经传统的苏伊士运河或巴拿马运河航线，然而这些航线的通航能力目前已经达到饱和，拥堵现象十分严重。"北极航道"的开通将使中国到欧洲或北美之间的海运里程缩短10%—55%，节省可观的运输成本或贸易成本。贸易成本的降低不仅会对中欧、中美之间的贸易潜力产生影响，而且也会使中国受"北极航道"影响的沿海地区的贸易增长潜力发生较大变化。[1]

---

[1] 李珍，胡麦秀：《"北极航道"开通与中国及其受影响区域的贸易增长潜力分析》，载《极地研究》，2015，27（04）：429—438页。

全球气候变暖和经济全球化导致北极地区的地缘经济版图正经历着一次重大演变。在面临环境生态和社会多维挑战的同时，北极地区已成为一个孕育着巨大经济机会的区域。而北极航道可以算得上是这一机会的先导。一系列研究结果表明，北极航道在经济上明显是更为安全与合理的海上运输通道，在世界经济贸易格局视角下，战略价值突出。当前美国、欧盟、东亚三级经济格局，决定了世界经济以北半球为主导，北极航道可以成为连接世界实力级的潜在战略通道。新兴经济体对能源的需求日益旺盛，北极能源的战略价值逐渐凸显，北极航道将充当国际能源运输新走廊。而世界主要贸易国家分布在北美、东北亚和西北欧等北极航道沿岸，北极航道的开通将影响占世界贸易额一半以上地区的贸易，使得亚洲、欧洲与北美为主导的世界贸易网络结构也更趋于稳定。但目前北极航道也存在着通航期短、海洋环境恶劣等客观不利因素，还存在主权管辖争议、过境费用高等其他一些人为限制因素和风险，这也为北极航道建设增添了不确定性。[1]

中美两国已经在北极事务的很多领域开展了广泛的合作，其中最为明显的领域包括在北极科研、北极事务治理、北极航运及其规则制定，以及北极地区的经贸合作等方面。在特朗普政府时代，中美两国在这些领域中的

---

[1] 朱明亚：《北极航道通航对中国与北极八国的贸易潜力影响分析》，上海海洋大学，2015。

第七章 "冰上丝绸之路"建设的国际合作

合作将进一步推进，尤其在北极地区的资源开发以及中美两国的北极经贸合作等方面，或将成为中美两国合作的新亮点。

在利益互补的基础上进一步深化和拓展中美北极经贸合作完善的基础设施建设，是阿拉斯加州进行资源开发的必备前提，也是有效应对北极资源开发进程中意外事故的屏障。在阿拉斯加经济开发需求日益增长的背景下，阿拉斯加北极地区落后的基础设施成为制约其发展的一个瓶颈。在这个背景下，阿拉斯加北极地区的深水港口、铁路、码头等基础设施建设就提上了日程。特朗普的经济政策面临的一个矛盾是既要大规模减税，又要大搞建设，大笔资金从何而来？中国在这些基础设施建设方面拥有雄厚的资金和强大的建设技术能力，基础设施建设领域的合作可以成为中美北极经贸合作的重要内容。通过经贸合作这一抓手，有助于推动发展务实合作的伙伴关系。

尽管习近平主席与特朗普总统在2017年4月的庄园会谈中并没有直接谈及北极问题，但两国元首会谈在经济方面加强合作的共识将成为推动中美北极经贸合作的动力。习近平主席在庄园会谈后回国途中到访阿拉斯加，在安克雷奇市会见阿拉斯加州州长威廉·沃克（William Walker），双方就推进中国与阿拉斯加州在经济合作方面进行了深入的交流。沃克州长特别想推动阿拉斯加州的液化天然气出口项目，在习近平主席离开阿拉斯加之后，沃克州长与中国其他高层官员继续在阿拉斯加就液化天然气项目进行会谈，希望中国能够对这一项目进行投资实现共赢。中国和阿拉斯加州在产业方面互补性强，中国是阿拉斯加州的重要贸易伙伴，是阿拉斯加州最大的水产品出口市场，阿拉斯加与中国在农业、渔业、油气、矿产、旅游等方面具有极大的合作潜力。为助推中国与阿拉斯加州之间的经贸合作，甚至可以考虑在阿拉斯加州设立中国领事馆。

中美两国之间在北极事务中的合作，可以成为中美关系的"试金石"。在特朗普政府注重北极地区能源开发和经济发展的背景下，中美两国在北极事务的经贸合作方面将进一步加强。而中美两国在包括北极问题在内的"全球公域"领域中的合作，也是习近平主席提出的"中美两个大国对世界的应有担当"的题中之意与共同愿景。[1]

与俄罗斯的北极合作

俄罗斯是目前排名首位的中国北极开发合作伙伴。最初使用"冰上丝绸之路"这一用语的地方即是俄罗斯，之后中国为北极开发战略的具体实施方案提出了"中俄冰上丝绸之路合作"。习近平表示："要开展北极航道合作，共同打造'冰上丝绸之路'，落实好有关互联互通项目。"也

---

[1] 孙凯：《特朗普政府的北极政策走向与中美北极合作》，载《南京政治学院学报》，2017（06）：92—97页。

就是说，中俄两国间的合作绝不止于开发北极航线这单一项目，航线开发只是实现建设"冰上丝绸之路"这一目标的手段，"冰上丝绸之路"本身是更加综合的概念。

根据中国商务部的公告，自 2017 年 11 月开始，中俄两国交通部就为签署极地水域海事合作进行磋商。2017 年 12 月，中俄达成《亚马尔半岛能源决议》，并在西西伯利亚半岛共同开发油田。这一项目规模达 270 亿美元，其中 14 亿美元从丝绸之路基金中出资，以确保 9.9% 至 29.5% 的油田股权。中国将这个项目作为"一带一路"构想出台以来的第一个大型海外项目，称之为"北极明珠"并进行广泛宣传。

目前，俄罗斯控制着整个北方航道沿岸和近半个北冰洋，这使得俄罗斯成为中国在北极发展和开发的有力合作伙伴。俄罗斯在进军北极时所需的技术和装备方面最为丰富，拥有首次成功探测北极海底的"和平 1 号"和"和平 2 号"载人潜水艇，以及北极活动所必要的 6 艘破冰船和 4 艘原子能推进破冰船等。北极海域的 10 个大规模油田中有 9 个是属于俄罗斯，50 个天然气田中有 44 个是属于俄罗斯。[1] 中俄北极地区的合作是中俄全面战略伙伴关系的组成部分，中国主要有以下三个方面的利益：

第一，中俄的地缘政治因素。两国都赞成就北极治

---

[1] 表娜俐：中国进军北极政策和一带一路"冰上丝绸之路"战略的内容及含义，2018。

理问题进行建设性对话，并在北极开展平衡和稳定的国际合作。

第二，经济因素。在可预见的未来，中国将保持世界最大的石油和天然气进口国之一的地位，而在北极开采能源资源则是俄罗斯最有竞争力的产业之一。俄罗斯的北极地区可以成为中国经济外延式增长有益的组成部分，在西方对俄罗斯实施制裁和俄罗斯实行"向东看"政策的地缘政治形势下，中国能够获得不被西方国家控制的、重要的自然资源储备和能源产地。

第三，交通运输因素。中国的经济发展需要新的、更有效的商品出口和进口，尤其资源产品需要更加经济的运输线路。

可以说，中俄北极合作发展的主旨是实现两国的国家经济利益，然而中俄关注的国家利益各有自身特点，并由政治利益所决定。[1]

从历史上来说，俄罗斯对中国持有很高的警惕心，尽管两国仍然维持着合作关系，但依然回避军事战略同盟关系。由于民族和文化不同，在历史上没有形成共享的纽带感，再加上此前签订的各种协议没能顺利履行，以及居住在沿海州的中国人问题等矛盾，两国没有建立信赖关系的基础。不仅如此，俄罗斯对非北极国家的北极开发和与本

---

[1] 高天明：《中俄北极"冰上丝绸之路"合作报告》，北京，时事出版社，2018。

国领土相邻的北极东北航线的主权共享，基本上持否定立场，因此直到最近，俄罗斯对中国的进军一直坚持保守的态度。当然，俄罗斯希望在与中国的北极伙伴关系框架下获得投资和技术，俄罗斯的国有能源企业的落后现状也有望通过同中国石油等中国国有能源企业的合作突破其困境。俄罗斯外交部长拉夫罗夫也提出，俄罗斯在北极开发中最重要的伙伴是中国，俄罗斯政府显然非常重视同中国之间的合作。

俄罗斯与绝大多数西方北极国家（美国、加拿大、北欧国家）存在竞争与对抗的情况，这为中国与俄罗斯的北极合作提供了非常合适的契机，中国可以提供必要的地缘政治、经济和技术支持，与俄共同开发、利用交通走廊，参与北极资源开发。为了确保沿北方海航道的稳定航行并开展北极资源开发，中俄两国仍面临基础设施和技术方面的许多挑战。对于中国而言，北极气候条件恶劣，且北极海域只允许在夏季3个月里航行，不符合中国经济运行的节奏。另外，中国缺乏自己的北冰洋交通运输工具，缺乏基地专业人才和北极研究经验，因此中国急需与俄罗斯合作解决这些问题。

2013—2018年期间，全球贸易发展陷入疲软态势，中国对外贸易总额年均增速也仅为2.1%。与之形成鲜明对比的是，同期中俄之间贸易额从893亿美元增长到1069亿美元，年均增速为3.7%，6年间中俄累计贸易额达到

5133亿美元。在这期间,中国在俄罗斯的对外贸易占比从10.5%增加到15.7%,俄罗斯在中国的对外贸易占比也在逐步提升,至2018年达到2.3%。此外,中国自2008年开始成为俄罗斯第一大进口来源国,自2017年开始成为俄罗斯第一大出口对象国。

2013—2018年中国与俄罗斯进出口贸易数据[①]

(单位:亿美元)

	年份	2013年	2014年	2015年	2016年	2017年	2018年
中俄	中国出口	495.9	536.8	347.6	373.4	428.3	480.1
	中国进口	396.7	415.9	332.6	322.6	413.9	588.9
	进出口总额	892.6	952.7	680.2	696.0	842.2	1068.9
	平衡额	99.2	120.8	15.7	50.8	14.4	-108.8

中国对俄罗斯出口商品主要为工业制成品。2018年中国对俄罗斯出口商品中,机械设备及纺织服装产品分别占比38.0%和12.1%,两者合计约占中国对俄罗斯出口总额的1/2。俄罗斯对中国出口商品主要集中为能源、矿产品等,其中能源产品占比高达71.5%,此外木材也占有较大比重,约为10.3%。

---

① 数据来源:中国海关总署统计数据

2018年中国对俄罗斯进出国贸易商品结构[1]

类别 \ 比重（%）	中国出口	中国进口
动物产品	0.5	3.6
植物产品	2.0	1.4
食品饮料	1.6	0.4
矿物	0.1	2.8
能源	0.8	71.5
化学制品	4.8	1.7
塑料橡胶	4.1	0.9
毛皮及其制品	7.8	0.0
木材及其制品	1.0	10.3
纺织服装	12.1	0.0
鞋帽制品	4.7	0.0
非金属矿物制品	1.9	0.7
机械制品	38.0	0.5
交通运输设备	5.5	0.2
杂项制品	7.9	0.7
合计	100	100

（俄罗斯 —— 表头合并列）

北极地区具有巨大的世界能源储量，约占世界未探明油气储量的25%，探明矿产储量的价值约2万亿美元，而所有资源的总价值约达30万亿美元，[2] 包括900亿桶石油、47.3万亿立方米天然气和440亿桶凝析油，[3] 其中约84%的

---

[1] 数据来源：根据中国海关统计数据计算
[2] 高天明：《中俄北极"冰上丝绸之路"合作报告》，北京，时事出版社，2018。
[3] M. 史密斯，K. 贾尔斯：《俄罗斯与北极："最后的向北冲刺"》，高级研究和评估小组，俄罗斯系列07/26，伦敦，英国国防学院。

石油和天然气位于500米深的大陆架上。北极地区最丰富的石油油田位于阿拉斯加大陆架，天然气和凝析油则位于俄罗斯卡拉大陆架和巴伦支海，因此预计北极60%以上的石油和天然气资源属于俄罗斯，或依据国际法在俄罗斯管辖区内。到2030年，俄罗斯预计每年至少在北极大陆架开采5000万吨石油（占俄罗斯总开采量的10%），但是显然不是所有矿藏都可以开采，北极高维度上的工程成本可能太高以致无利可图。此外，资源的开发需要大规模地质勘探、建设相应的基础设施、掌握大陆架上的钻井技术，以及处理、存储和原材料供应方面的环保技术等。

俄罗斯希望中国在北极大陆和大陆架的资源开发方面进行投资，对中国来说，最有前景的是与俄罗斯石油公司合作开发巴伦支海和伯朝拉海大陆架地区，即斯托克曼气田和普里拉兹洛姆诺耶油田。伯朝拉海和巴伦支海及大陆架上资源价值总额初步估算超过358亿吨能源当量，其中蒂曼—伯朝拉省的储量为82亿吨能源当量[1]，石油和天然气储量分布不均，55%位于巴伦支海大陆架，7%位于伯朝拉海大陆架。较多的天然气储量集中在巴伦支海，其中斯托克曼凝析气田位于距摩尔曼斯克东北部600公里的巴伦支海俄罗斯部分大陆架中部，地区水深320—340米。据探明天然气储量统计，斯托克曼气田是世界最大气田之

---

[1] 参见 http://voprosik.net/resursy-arkti-ki-perspektivy/.

一，约有 39000 亿立方米天然气和 5600 万吨凝析油。[1]斯托克曼气田的开采分为三期，一期项目投产每年可开采 237 亿立方米天然气，二期 474 亿立方米，三期年均天然气设计生产能力将达到 711 亿立方米[2]。普里拉兹洛姆诺耶油田则位于伯朝拉海大陆架，距海岸 60 公里，油田海域深度为 19—20 米，石油储量超过 7000 万吨，年产量可达约 550 万吨[3]。普里拉兹洛姆诺耶气田开采的 ARCO 石油具有密度高（约 910 千克/立方米）、硫含量高和含石蜡量低的特点，非常适用于进行深加工，生产化工产品、筑路材料、轮胎、化妆品和医药等。

除了资源开发和能源获取，中国对北极旅游业的投资也值得关注。目前，俄罗斯北极地区游客量明显不足，无法与挪威、丹麦、芬兰等邻国的北极地区相比。俄罗斯本地及旅游业发展存在诸多问题，其中最为显著的是基础设施落后、对外国游客行政壁垒较高、价格昂贵等。未来俄罗斯北极旅游业的发展以及中国对北极旅游的参与，可以主要从以下几个方面着手：

• 开拓生态和探险旅游地（如新地岛、瓦伊加奇岛、普斯托泽尔斯科）；

• 开发对原住民生活方式和风土人情观察体验的旅游

---

[1] 参见 http://www.shtokman.ru/project/gasfield/.
[2] 参见 http://www.gazprom.ru/about/production/projects/deposits/shp/.
[3] 参见 http://www.gazprom.ru/about/production/projects/deposits/pnm/.

（如养鹿业）；
- 开发美式旅游，了解北方少数民族生活；
- 开发北极地区捕鱼和狩猎旅游；
- 了解基地严酷环境下如何进行资源开采的工业旅游。

"冰上丝绸之路"国际合作的法律与制度保障

北极地区的制度安排呈现"二层次、多机制"特征，所谓"二层次"是指国际尺度和国内尺度，"多机制"即在"二层次"制度安排下进行细分。因此要首先厘清国际与国内不同尺度上的法律，探究制度保障机制，之后再详细梳理各国国内相关的法律与制度，通过综合分析国际与各国内部的法律与制度，为今后的国际合作提供坚实的研究基础。

国际尺度的法律与制度

国际尺度可以细分为全球性、区域性和多边层面的法律与制度。全球性制度安排包括普遍适用于各个领域的公约，以及与北极气候和环境问题紧密相关的协议及组织机构，如《关于持久性有机污染物的斯德哥尔摩公约》《联

第七章 "冰上丝绸之路"建设的国际合作

合国气候变化框架公约》《联合国生物多样性公约》《联合国海洋法公约》等。其中，《联合国海洋法公约》（下文简称《公约》）是全球性的"海洋大宪章"，除了美国之外，目前其他北极国家都已加入《公约》，体现了《公约》在北极问题的广泛适用性。《公约》体系庞大，在科学考察、海上航行、资源开发、环境保护等领域都有较为明确的规定，且在《公约》框架下，北极国家不仅可主张北极权利，包括中国在内的北极域外国家同样可主张在公海和国际海底区域的资源开发权。

《联合国海洋法公约》

北极地区的区域性制度安排主要体现在北极理事会，它是由加拿大、丹麦、芬兰、冰岛、挪威、瑞典、俄罗斯和美国8个北极国家组成的政府间论坛，是北极地区最主要的区域性组织机构，为北极环境保护的合作与可持续发展提供了重要平台。北极理事会最初设立之时北极国家内部存在分歧，加拿大等国认为北极理事会可以涉足北极发展的全部领域，而美国则坚持北极理事会职能的最小化，认为理事会不应具有法人资格，因而导致北极理事会涉足领域范围窄、不具有法律约束力。随着近些年北极气候变化加剧，自然资源开发成为各国关注北极、参与北极的重要目标，北极理事会的"软法"缺陷、管理领域有限及本身内部机制运作等问题逐渐显现。之后，北极理事会出台了《北极海空搜救协定》和《北极海洋石油污染预防与应对合作协议》两项具有强制力的法律文件，建立了常设秘书处和可持续发展工作组等，这使理事会从最初的结构不完整、不具有法律拘束力的政府间论坛，逐渐向有强制力的国际组织转变。

多边层面的制度安排主要包括专门适用于斯瓦尔巴群岛的《斯匹次卑尔根群岛条约》，双边层面制度安排是通过展开谈判并达成的一系列的条约，以解决国家间特定领域的问题，如1990年美国和苏联签订《美苏海洋边界协议》，1992年俄罗斯和加拿大签署《俄加北极合作协议》，俄罗斯和挪威分别在2009年和2010年签订的《俄挪2010年渔业协议》和《俄挪巴伦支海和北冰洋海洋划界与合作条约》。[①] 2008年，北冰洋沿岸五国——加拿大、丹麦、挪威、俄罗斯和美国在格陵兰两岸的伊卢利萨特举行政治磋商，对五国在北冰洋海域拥有大部分主权和管辖权，处理北极问题具有得天独厚的优势达成共识，并通过了《伊卢利萨特宣言》（下文简称《宣言》）。《宣言》认为《公约》是解决北极问题的基础性文件，将继续完善这一法律框架

---

① 董琳：《北极资源开发法律治理体系研究》，哈尔滨工程大学，2018。

从而解决相关国家大陆架重叠问题，并表示没有必要制定一套新的综合性北冰洋法律制度。《宣言》强调了北冰洋沿岸五国在处理北极问题的重要地位，体现了对《公约》及现有治理机制的认可，以及拒绝接受在北极建立新的综合性法律制度的态度。更重要的是，这也表明对非北冰洋沿岸国参与北极事务的排斥，无形中对中国及其他域外国家参与北极事务造成阻碍。

国家尺度的法律与制度

国家尺度的法律与制度是指相关国家内部的北极政策等。除了主要的国际公约、条约，以及国家间的双边、多边协定之外，各国的国内法律法规也是北极开发问题的法律基础。目前，主要的环北极国家纷纷制定了自己的国内法，旨在寻求和保护本国在北极的国家利益。

北欧诸国 北欧地区是经北冰洋连接欧洲这一蓝色经济通道所经过的重要区域，主要包括瑞典、丹麦、挪威、芬兰和冰岛五国。尽管北欧国家在涉及外交和安全方面的国家制度和战略指导方针上各不相同，但长期以来，北欧五国在经济、社会、生态及外交政策方面的协调配合，以及共同拥有的政治、金融、经济制度又将它们紧密地联系在一起。[①]

[①] 高天明：《中俄北极"冰上丝绸之路"合作报告》，北京，时事出版社，2018。

冰岛是最早进行北极航道研究的国家，从严格意义上来说，冰岛政府对于北极的关注开始于2005年冰岛外交部发布的《北方遇见北方：航运业与北极未来》政策研究报告。2003年，为了研究东北航道开通后对于冰岛的影响，冰岛外交部与阿库雷里大学组成了联合研究小组，进行了为期两年的研究工作。2009年，冰岛担任北方国家部长理事会主席，开始重新思考北极战略。同年，冰岛官方发布了冰岛语的《冰岛与北极》政策报告，这是冰岛第一份关于北极的政策文件，但对冰岛北极政策的阐述过于笼统，在此基础之上，冰岛议会于2011年通过了包含12条原则的《冰岛北极政策议会决议》，这份决议的核心是在气候变化、环境、资源开发、航运、社会发展等方面维护冰岛的国家利益。这12条决议是现阶段冰岛北极政策的基石，同时也是冰岛政府北极行动的指南。[1]

冷战结束以来，挪威在北极地区扮演的角色不断演变，北极政策大体经历了碎片化（1991—2002年）、整合重组（2003—2005年）和强势扩张（2006—2013年）3个阶段。在碎片化阶段，挪威与其他北极国家逐渐构建了一套北极治理体系，包括北极理事会、巴伦支海欧洲—北极地区联合理事会等区域性国际安排，旨在推进对原住民问题、俄罗斯及波罗的海国家传染性疾病的防控、环境污染

---

[1] 杨洋：《浅析冰岛的北极政策》，外交学院，2018。

与气候变化,以及能源问题等事务的治理。在整合重组阶段,挪威北极政策的内容和风格逐渐走向连贯与统一,整体呈现出右翼政府的保守主义特征。挪威右翼政府在将高北地区视为一个新安全政策焦点的同时,也不忘关注油气资源。在强势扩张阶段,挪威政府非常重视北极战略,欲举全国之力挖掘高北地区的经济潜力。2006年12月,挪威出台了历史上第一个系统而全面的北极战略文件《挪威政府的高北战略》。2009年3月,挪威根据高北极地区快速发展的现实迅速更新了北极战略的版本,颁布了《北方新基石:挪威政府高北战略的下一步行动》,内容与上一个版本相比更具可操作性。在这个阶段,挪威的北极战略呈现三大激进特色:强硬维护主权的政治立场、无处不在的对俄合作关系和旗帜鲜明的北极角色定位。

芬兰的北极战略强调北极经济发展与环境保护、北极国家内部的协商与内外互动,重点提升芬兰参与北极事务的能力,实质性地推进芬兰的北极外交,维护芬兰北极利益。2010年8月,芬兰颁布《芬兰北极地区战略》,2013年8月23日,颁布《2013年芬兰北极地区战略》。芬兰在2010年的北极战略明确指出,"芬兰是北极国家,在北极地区有着诸多利益。"[1] 在2013年的北极战略中芬兰再次重申,"芬兰是一个积极的北极行为体,在加强国际合

---

[1] 参见 http://arcticportal.org/images/stories/pdf/J0810_Finlands.Pdf.

作的同时,能够以可持续的方式处理好北极环境变化所带来的各种不确定因素的限制,能够把握住北极的各种商业机遇。"①

此外,中国—北欧北极研究中心(CNARC)由中国极地研究中心、冰岛研究中心等10家来自中国和北欧五国(冰岛、丹麦、芬兰、挪威、瑞典)的北极研究机构于2013年12月在上海成立。中国极地研究中心主任杨惠根表示,中国—北欧北极研究中心是唯一一个被中国北极政策白皮书承认的"推动中国—北欧合作交流"的平台,已成为中国和北欧国家之间一个重要的合作机制和准国际组织,丰富了中国—北欧合作和中国极地外交的内涵。迄今为止,中国—北欧北极研究中心已发展了18家成员机构,包括10所北欧研究机构和8所中方研究机构,对进一步促进中国和北欧各国在北极方面的科学、政策及商业交流合作,推动中国与北极的协调发展具有至关重要的意义。

加拿大 2009年和2010年,加拿大分别发布《加拿大的北方战略:我们的北极,我们的遗产,我们的未来》和《加拿大北极外交政策宣言》,前者描绘了加拿大在北极地区的远景目标,确定了四项北极行动计划,后者则阐明了加在北极问题上的国家利益和原则立场。此外,加拿大还在一些具体治理领域出台了相应制度法规,如在北

---

① 孙凯,吴昊:《芬兰北极政策的战略规划与未来走向》,载《国际论坛》,2017,19(04):19—23+79页。

极油气资源开发和渔业资源管理方面，加拿大下放资源管理权，使北方居民对资源和决策具有更多自主权，出台了《加拿大石油资源法》和《加拿大石油和天然气经营法》，规范了勘探和生产权的授予和管理，以及对石油作业及相关收益的要求。总体来说，加拿大试图在北极战略中兼顾和平衡行使主权、保护环境、促进社会经济可持续发展、下放管理权和加强北方治理等多项战略重点。

美国 作为世界上唯一的超级大国，美国在全球事务与地区事务中一直扮演着核心的角色。由于阿拉斯加的存在，美国也跻身北极国家之列。因此美国的北极政策有对内与对外两个层面，前者指的是美国对阿拉斯加地区的政策，后者则指的是美国在北极地区国际事务中的外交政策。

1983年，里根政府颁布了名为《美国的北极政策》的第90号国家安全决策指令，正式地提出了美国的北极政策。[①]指令强调美国是北极圈的核心国家，在北极地区享有独特地位，指出美国在北极地区的一系列利益，包括资源、科学、环保等相关领域，要求加强在这些领域的国际合作，并着重强调了其在该地区的国家安全利益。指令还指出，在进行北极科学研究的同时，应尽可能地减少对地区的环境破坏，在确保北极航空航海自由的前提下，理

[①] 引自国家安全决策指令（NSDD-90），美国北极政策，1983年4月14日，见 http://www.fas.org/irp/offdocs/nsdd/nsdd-090.htm。

性、合理地开发北极。随后在1984年，美国国会正式通过了《北极考察与政策》，文件着重将科研、经济利益、战略需求三方面结合考虑，从而使美国北极政策通过法律的形式正式确定下来。①

在冷战结束之后，以上指令和文件已经不能满足时局的变化，为了应对全新的国际环境与局势，1994年克林顿政府出台了全新的极地政策，即《第26号总统决策指令》②。这一决策指令也被命名为"美国的南北极政策"，表达了美国冷战结束后在北极地区的诉求，并提出将开始在传统安全、科学研究、资源开发、环境保护等领域加强与北极地区国家的合作。之后的十几年里，美国政府没有发布过其他北极地区的正式政策文件。直到2007年，俄罗斯将国旗插入了北冰洋洋底，其他北极国家也纷纷进军北极，北极地区博弈重回国际大众视野。这些行为也引起了美国的高度关注，并连续出台了多份政策。

2009年，布什政府颁布新的北极地区政策——《第66号国家安全总统指令》，也被称为《第25号国土安全总统令》。布什政府的北极政策大体上延续了克林顿的第26号总统决策指令，只是在几项具体的政策实施的侧重点有所改变，但与之前的美国北极政策相比，布什政府的北极

---

① 陆俊元：《北极地缘政治与中国应对》，北京，时事出版社，2010，147页。

② 引自总统决定指令/国家安全委员会，美国政策北极和南极地区，1994年6月9日，见http://www.fas.org/irp/offdocs/pdd/pdd-26.pdf。

政策总体地位明显提升,是一份专门针对北极的系统性战略,显示了新的历史环境下美国对于北极地区的重视。

2013年,奥巴马政府首次出台了《北极地区国家战略》,以增进美国在北极地区的安全利益,实现对北极负责任的管理并强化北极事务中的国际合作。为了应对一系列国际挑战、实现美国在北极地区的战略目标,奥巴马政府强调美国需要在国际层面进行合作。之后,奥巴马政府接连发布2014年和2015年《北极地区国家战略实施计划》,进一步阐述了这一时期美国在北极地区的政策与战略。2015年8月底,奥巴马访问了阿拉斯加地区,成为第一位进入美国北极圈领土的在任总统。2016年年底,在奥巴马离任前夕,奥巴马政府宣布禁止在北极海域开采石油。这一时期美国的全球战略呈总体收缩态势,北极战略受到一定的影响与限制。总体而言,奥巴马政府的北极战略比布什政府的涵盖领域更加集中,更加求稳。[1]

俄罗斯 俄罗斯的北极战略以国家利益为主导,是从长期的北极开发实践中总结而来的,是未来俄罗斯北极开发的指引。2000年,普京出任俄罗斯联邦总统后,逐渐加强了对北极地区的管理并着手制定北极政策。2001年6月14日,俄罗斯颁布《俄罗斯联邦北极国家政策原则》(下文简称《2001原则》)草案,成为俄罗斯联邦第一个较为

---

[1] 陈旭伦:《冷战后美俄北极战略研究》,上海师范大学,2017。

全面的北极政策文件。草案的出台是为了配合俄罗斯的大陆架申请,同年12月,俄罗斯向联合国大陆架界限委员会提交了扩大北冰洋大陆架外部界限的申请。由于没有得到国家杜马的充分支持,《2001原则》并没有得到完全的实施,[①]但是此草案表明,俄罗斯已经开始了进入北极的实际行动。

2007年8月,俄罗斯考察队在北冰洋底插上了一面钛合金俄罗斯国旗,宣誓在北冰洋的主权。2008年开始,俄罗斯联邦政府密集出台了一系列有关北极的国家政策,并且宣布俄罗斯将重新回归北极。2008年9月18日,俄罗斯联邦在《2001原则》的基础上出台了"北极基本法"——《2020年前后俄罗斯联邦北极地区国家政策基础》[②](下文简称《北极政策基础》),确定了俄罗斯北极政策的主要目标、优先发展方向、未来发展的基本任务以及执行机制,表明俄罗斯的目标是在2020年成为"主导北极的国家"。[③]

2013年2月8日,总统普京签署第232号总统令,批准通过《2020年前俄罗斯联邦北极地区发展和国家安全

[①] 巴里·斯科特,等:《快速变化的北极:全球变暖对北极安全的反思》,卡尔加里,卡尔加里大学出版社,77页。

[②] 北极问题研究编写组:《北极问题研究》,北京:海洋出版社,2011:248页。

[③] Katarzyna Zysk:《俄罗斯的北极战略:野心与约束》,载《联合力量季刊》第57期,第2期(2010):103—109页。

保障战略》(下文简称《北极保障战略》),以便更好推动2008年北极战略的实施[①]。《北极保障战略》的制定明确了俄罗斯北极战略的基本机制、战略目标实现的方式、保障优先发展和国家安全。《北极保障战略》在实施俄罗斯北极战略、规定俄罗斯北极的主要发展方向的同时,旨在保障俄罗斯的国家安全与社会稳定,与俄罗斯国家战略规划体系相统一。此后,俄罗斯的北极政策逐渐得到强化。2014年4月21日,俄罗斯颁布《2020年前俄罗斯联邦北极地区社会经济发展国家纲要》(下文简称《北极纲要》),为俄罗斯北极政策的实施拟定了更为具体的措施,对于北极地区开发具有更强的操作性和指导性。《北极纲要》涵盖了俄罗斯各政府部门在北极地区的具体措施分工,是俄罗斯实施北极地区战略规划的官方指南,标志着俄罗斯在开发北极上又迈出新的关键一步。此外,《北极纲要》提出俄罗斯将成立一个落实北极开发政策的专门机构,在2014年4月22日召开的国家安全委员会会议上,总统普京也强调了成立这一国家机构的重要性,同时表示将在俄罗斯北极地区建立新一代水面舰艇及潜艇统一驻扎体系。[②]

俄罗斯联邦政府先后颁布的《北极政策基础》《北极保障战略》《北极纲要》三个有关北极地区的重要文件,

---

① 赵宁宁:《当前俄罗斯北方海航线的开发政策评析》,载《全球视野》,2016(8):169—174页。
② 程新波:《俄罗斯北极政策调整影响下的中俄"冰上丝绸之路"建设》,辽宁大学,2019。

基本完成了俄罗斯北极政策的制度构架，俄罗斯对北极地区的定位也逐步清晰，北极地区的战略地位也不断上升。

北极地缘政治的基本特征决定了北极国家同其他国家存在不同的国家利益，北极国家在北极地缘政治与权益主张上具有先天的优势。中国虽然不是北极国家，但是作为"近北极国家"在地缘政治上和自然地理上都与北极有着密不可分的联系，北极局势的变化对中国有着重大的影响。因此，中国应对比主要北极国家的法律措施，加深我们对北极地区战略价值的认识，为中国今后进入北极地区、形成中国的北极政策与战略提供有益的帮助与借鉴。

第八章

"冰上丝绸之路"建设的中国方案

"冰上丝绸之路"是"一带一路"倡议的传承与创新，可以将其解读为：中国通过与相关国家进行国际合作，基于北极航道，促进沿线地区生态保护与经济共同发展，从而实现人类可持续发展。本章初步探讨了中国共建"冰上丝绸之路"方案，为今后"冰上丝绸之路"的深入推进提供参考。

中国的定位

在构建"冰上丝绸之路"的过程中，中国应当明确每个阶段所扮演的角色，做到循序渐进、因势利导，再谋求合作共建。中国可以先通过环境保护、科学考察等开放程度较高的议题，参与北极航道通航的论证、分析，通过积累理论数据，给北极航道的开发、建设提供合理依据。在北极事务中，中国应当秉持正确的义利观，坚持以义为先，遵循取利有道，追求互利共赢，这是中国现阶段与沿线国家开展北极航道共建的合理形式。

"冰上丝绸之路"的建设路径

形成具有文化共识的"冰上丝绸之路"价值理念

在共建"冰上丝绸之路"的过程中，中国应当着力推广造福全人类的文化价值理念，将北极航道建设与"一带一路"建设有机结合。近年来，中国频繁地向世界传递人类命运共同体的发展理念。将人类命运共同体理念运用于"冰上丝绸之路"的建构，有助于不同行为体在北极地区实现政治互信、经济融合、文化包容、合作共赢,推广这一理念也展现了中国在北极事务中的外交理念和国家形象。

打造稳固可靠的"冰上丝绸之路"国家合作关系网络

在共建"冰上丝绸之路"的过程中,一方面,中国应当加强推动与俄罗斯的双边关系建设,展开多层次、多渠道的合作。中俄关系是两国共建"冰上丝绸之路"的基础,若要参与北极航道的相关事务,中国首先应当谋求与俄罗斯达成在北极区域的战略互信。另一方面,"冰上丝绸之路"的构建需要国际社会的广泛共同参与,仅依靠中国和俄罗斯两国之力无法完成。中国需要放眼全球,构建更加宏大的战略布局,加强与北极航道沿岸国家的合作,打造稳固可靠的国际合作关系网络。同时,针对北极地区的具体事务,中国应当与加拿大、美国、北欧等国,北极理事会、国际北极科学委员会等相关行为体保持密切沟通,争取在部分领域展开有效合作,以合作的方式增进彼此信任、建构集体身份,进而让国际社会广泛接纳"冰上丝绸之路"的倡议和行动。

加强与"冰上丝绸之路"沿线原住民的密切联系

沿线原住民对于"冰上丝绸之路"的建设与开发发挥着至关重要的作用。在积极参与北极事务、倡导共建"冰上丝绸之路"的同时，要更加关注原住民的利益诉求及态度影响。原住民与所在国家存在着权力不平衡的现状，因此希望得到全球的关注，进而获取更多的自治权与话语权，为其生计和文化保护提供强有力的支持。因此，中国应加强与原住民的联系，切实了解沿线实际情况和变化动态，与原住民合作共谋"冰上丝绸之路"的建设，为保护人类文化多样性作出应有的贡献。

以科学探索谋求合作开发

中国目前参与北极事务的最主要途径仍是科学考察，因此应不断拓展科考的内涵，增加全球层面上的议题。科学探索没有边界，应进一步在更高的层面上拓展科学考察的边界和范围，广泛且深入地参与"冰上丝绸之路"地区的科考，对中国进一步认知极地、建设"冰上丝绸之路"提供有利的前提条件。在此基础上不断发挥中国的经济与科技优势，树立良好、负责的国际形象，提高在沿线地区的影响力，为保护地球和全人类未来的发展做好科学监测，也为共建"冰上丝绸之路"提供坚实的研究基础。

以合作开发谋求和平发展

中国应主动通过科学考察的方式，加强与沿线国家及全球相关国家的全面合作，致力于研究全人类共同面临的威胁和挑战，从全人类发展的角度主动承担相关大国责任，运用好国际国内相关领域的优势，引领"冰上丝绸之路"建设的落实与深入推进。同时积极倡导"冰上丝绸之路"的合作需求与和平愿望，为应对全球非传统安全提供有益的科学借鉴，为维护世界和平做出应有的贡献，为构建人类命运共同体提供现实的案例借鉴。

共建"冰上丝绸之路"，构建人类命运共同体

"冰上丝绸之路"作为"一带一路"倡议的拓展与延伸，自身就带有合作共赢的特征，中国提出与世界各国共建"冰上丝绸之路"，不仅是对"一带一路"理念的继承、发扬和创新，更是倡导北极全球合作治理，构建人类命运共同体的重要实践。因此，在共建"冰上丝绸之路"的过程中，中国应当积极促进北极地区各国关系的发展，夯实北极地区现有的安全格局，增强北极事务相关国的交流合作，提升北极生态的治理水平，共建"冰上丝绸之路"才能顺利进行。这不仅需要有责任感、有担当能力的大国来主导，更需要国际成员的广泛参与。中国愿为共建"冰上丝绸之路"提供对话与合作的平台，也愿为北极地区的环

境保护和地区稳定提供技术与经济的支持，更愿为培育北极地区"人类命运共同体"的共识及其传播贡献自己的一份力量。

图书在版编目（CIP）数据

冰上丝绸之路 / 秦大河著． -- 北京：外文出版社，
2021.10
（读懂中国）
ISBN 978-7-119-12866-5

Ⅰ．①冰… Ⅱ．①秦… Ⅲ．①北极－海洋战略－研究
－中国 ②海上运输－丝绸之路－国际合作－研究－中国
Ⅳ．① E815 ② F125

中国版本图书馆 CIP 数据核字（2021）第 209982 号

出版策划：国家创新与发展战略研究会
出版指导：陆彩荣
出版统筹：胡开敏

责任编辑：曹　芸
装帧设计：柏拉图创意机构
印刷监制：秦　蒙

冰上丝绸之路

秦大河　著

ⓒ 外文出版社有限责任公司
出 版 人：胡开敏
出版发行：外文出版社有限责任公司
地　　址：中国北京西城区百万庄大街 24 号　　邮政编码：100037
网　　址：http://www.flp.com.cn　　电子邮箱：flp@cipg.org.cn
电　　话：008610-68320579（总编室）　　008610-68996177（编辑部）
　　　　　008610-68995852（发行部）　　008610-68996183（投稿电话）
制　　版：北京杰瑞腾达科技发展有限公司
印　　刷：北京盛通印刷股份有限公司
经　　销：新华书店 / 外文书店
开　　本：700mm×1000mm　1/16　　印　张：12.5　　字　数：115 千字
版　　次：2021 年 11 月第 1 版第 1 次印刷
书　　号：ISBN 978-7-119-12866-5
定　　价：65.00 元

版权所有　侵权必究　　如有印装问题本社负责调换（电话：68995960）